図書館を語る

未来につなぐメッセージ

山崎博樹［編著］

青弓社

図書館を語る　未来につなぐメッセージ

目次

第2章 「〝役所のひと〟が司書になって」拡大反省会

齋藤明彦［元鳥取県立図書館長］／伊東直登［松本大学図書館長］／淺野隆夫［札幌市中央図書館］／山崎博樹［知的資源イニシアティブ代表理事］

第6章 学校図書館の課題とこれから

神代 浩［量子科学技術研究開発機構監事］／中山美由紀［立教大学兼任講師］／山崎博樹［知的資源イニシアティブ代表理事］

第7章　図書館をどう始めるか

岡本　真［アカデミック・リソース・ガイド代表］／山崎博樹［知的資源イニシアティブ代表理事］

装丁——Malpu Design［清水良洋］

まえがき

山崎博樹

小学校では地理クラブ、中学校では郷土史研究部、高校でオーディオにはまり、大学でコンピューター（当時パソコンはまだありませんでした）に触りだしたという、どちらかというといいかげんな経歴をもつ私が、三十年ほど前に秋田県立図書館新館のシステム担当になったのは何か縁があってのことなのでしょうか。そんな私は素人《しろうと》ながら、図書館の仕事はあらゆる分野に関係することが可能であり、これからの社会に重要なインフラになりうるのではと感じ、結局、退職まで図書館に勤務しました。その間、様々な仕事をしてきましたが、そのほとんどは周りの方々に支えられ、教えていただくことによって、実現することができたものばかりでした。

ここ数年、あらためて自分の仕事を振り返りながら、これからの図書館へ何かメッセージを残しておきたいと考えるようになりました。また、数年前から、大串夏身先生に本を出版するようにという叱咤激励をいただいてきたことが、本書を出版することにつながりました。

当初、本書をどのような構成にするか悩みましたが、最終的に決めるきっかけになったのは二〇二〇年の図書館総合展での「りぶしる実行委員会」のセミナーです。このセミナーは、松本大学図書館長の伊東直登さん、札幌市中央図書館司書の淺野隆夫さんに私が加わって開催したもので、テーマは「〝役所のひと〟が司書になって――さまざまな視点を生かした図書館づくり」でした。開催準備をしながらオンラインでお二人と話をし、当日も一時間ほど議論しました。私にとってはお二人の話がとても興味深く、これを全国の方々に紹介できたらと考えました。その後、元鳥取県立図書館長の齋藤明彦さんと「りぶしる」セミナーの拡大反省会も開催し、これらを本書に掲載することになったわけです。

第3章「ビジネス支援サービス事始め」(竹内利明／山崎博樹)から第8章「キハラが図書館のためにできること」(木原一雄／山崎博樹)の対談・鼎談は、現在、私が一緒に仕事をしている方々です。ビジネス支援図書館推進協議会会長の竹内利明さん、千葉経済大学短期大学部教授の齊藤誠一さん、アカデミック・リソース・ガイド(arg)代表の岡本真さん、同志社大学教授の原田隆史さん、りぶしる事業で関係がある図書館海援隊の神代浩さん、中山美由紀さん、普段からお付き合いがあるキハラ代表取締役である木原一雄さんです。いずれも現在の図書館の最前線で活躍されている方々ばかりです。対談・鼎談では、図書館の今日的課題からビジネス支援サービス、レファレンス・サービス、図書館とICT(情報通信技術)、図書館設置準備、図書館製品、学校図書館について、実践に基づいた考えや意見を話していただきました。お忙しいなか、快く対談・鼎談と出版に賛同していただいたことに心から感謝を申し上げます。

対談などは提言や論文集と違って十分にまとまっていないという欠点がありますが、それぞれの話のなかで、長年にわたって図書館の仕事をしている方々の図書館に対する思いや愛情が垣間見え、大変興味深い内容になったと思います。

本書を読むことが、みなさんにとってこれからの図書館の仕事や活動の一助になれば幸いです。

第1章 〝役所のひと〟が司書になって——さまざまな視点を生かした図書館づくり

伊東直登［松本大学図書館長］／浅野隆夫［札幌市中央図書館］／山崎博樹［知的資源イニシアティブ代表理事］

本章は二〇二〇年図書館総合展で開催されたセミナー「〝役所のひと〟が司書になって――さまざまな視点を生かした図書館づくり」をベースに加筆・訂正したものです。鼎談に参加した三人はすべて公務員として図書館外で勤務し、その後図書館に異動し、司書としての仕事に関わっています。この鼎談ではそれぞれがなぜ図書館に興味をもったのか、そこからどのような考えで図書館の様々な仕事に取り組んできたかがわかります。

山崎博樹　本日、コーディネーターを務める山崎です。私もコメントをしながら進めていきたいと思っています。まずは自己紹介していただきます。はじめに伊東さんからお願いします。

伊東直登　伊東です。よろしくお願いします。今日は、役所にいて図書館にきた三人が集まったのでこのタイトルになっていますが、役所だから図書館だからということではなく、図書館はいろんなこととつながりあうからこそ、いろんな仕事ができると思っていますので、今日はそんなことを何か話し合えたらいいのかなと思っています。よろしくお願いします。

淺野隆夫　札幌の淺野です。今日はよろしくお願いします。私は、まさかの異動で図書館にきました。五年間はシステムの再構築と電子図書館をやっていました。その次の五年間は、札幌市図書・情報館の準備室を立ち上げ、そのまま館長になりまして、いまは中央図書館の業務と引き続き図書・情報館も所管し、図書館十一年目になりました。途中で司書資格も取りました。それと昨年度(二〇一九年度)からは、総務省地域情報化アドバイザーを務め、新しい図書館づくりのサポートで各自治体にも訪問しています。よろしくお願いします。

山崎　ありがとうございました。それではこれからパネルディスカッションを進めていきます。最初に、このセミナーの趣旨を話したいと思います。それからお二人に、お勤めになっている図書館、あるいはお勤めになっていた図書館について簡単なプレゼンをしていただきます。

今回のテーマは「〝役所のひと〟が司書になって――さまざまな視点を生かした図書館づくり」というものです。このテーマは四月ごろ、新型コロナウイルス感染拡大のなか、今年の「りぶしる」の図書館総合展のテーマを検討していた際に思いつきました。私は図書館に関係した経験が三十年ほどありますが、そのなかでいちばん大切にしていたことは何かと考えてみると、それはやはり視点を複数もつということでした。そこでこのテーマで誰かとお話しできないかなと思い、普段からお付き合いいただいているお二人、伊東さんと淺野さんに相談しました。お二人とも行政から図書館にこられて、視点は当然ながら最低でも二つ以上はもっていらっしゃいます。さらにほかの

視点もおもちになっていて、三人で話したらきっと図書館員に対して新しい提言ができるのではないかと考えたのです。図書館には現在様々な役割が求められていますが、それに応えて新しいサービスを提案していかなければ発展しません。そのために複数の視点から図書館を考えることの意義に注目し、そのことが今後のみなさんの活動に役立っていけるようなセミナーになればと思っています。

それでは、最初に伊東さんからお願いします。

勤めていた図書館について

伊東　はじめに塩尻の図書館の紹介をしてください、と言われています。もう辞めてから何年もたちますので、いまさら私が話すのも少し変ですが、今日のテーマに影響するといいますか、先ほど図書館がいろいろなところとつながることが大事だと思っているという言い方をしました。そのことを勤めていた塩尻の図書館でやろうとした経過もありますので、少しご紹介できたらと思っています。会場のみなさんのなかには、塩尻に来たことがない人ももちろんいらっしゃると思いますが、長野県のちょうど真ん中あたりに塩尻市はあります。そこに「えんぱーく」という施設があります。複合施設で、そのなかに図書館が入っています。塩尻は最近、ワインで結構有名になっていますが、そのよさについては今日は省きます。

「えんぱーく」は機能融合を目指していて、子育て支援センターと市民交流の場、それから図書館が入る複合施設をどうやって生かしていこうかというのがとても大きなテーマとしてありました。違うものが同居しているのではなくて、施設が一つになって機能できるような、そんなサービスを生み出したいということで「機能融合」という言葉をそのときから使っています。当時はちょっと大それた言い方をしているかもしれないなと思っていたのですが、たくさんの機能が一つになる、あるいは一つのものがいろんな機能をもっている、そんなサービスがあってもいいんじゃないかなということです。図書館と言えば本を読むところ、ではなくて、「図書館もいろんなことができるはずだ」という発想でやってきたつもりです。当時から、つなぐという言葉を使っていました。いろんな機能をつないで新しいサービスを生み出す。新しいことに取り組むことになりますが、その根本にあるのは、図書館の根本としての、人と情報をつなぐということから絶対離れない、そこが軸だと思ってやってきたつもりです。

「えんぱーく」は、全体の三分の一が図書館スペースです。図書館以外の場所として、パソコンが置いてある場所、あるいは勉強したり何か食べたりする場所、会議する場所、これらは図書館ではないのですが、図書館の機能として活用できる、そんな場所として考えるとそこも図書館ですよね、ということです。和室の機能だったりボランティアルームだったり。市民活動の場として「えんぱーく」がありますから、図書館ボランティアもその活動の一つだというような位置づけです。子育て支援センターでは、子育て支援センターのカウンターと、図書館の児童カウンターが並んでいて、子どものために一体的なサービスをします。雑誌架は普通の書架を使って、棚を変えると一般書の書架に変えられるんですね。一つのものがいろんな機能をもちうる、そんなイメージです。そんなことを考えながら運営している、そんな施設になっています。メディアも一カ所に集める。CDやDVDや全集など、ここに来れば落語のすべてが見られる、そんな発想でやっています。

施設も、やっぱりメインはソフト事業がきちんとつながっていないと意味がないと思っていますので、いろいろやっています。私が辞めてからも本当にいろんなことをやっ

ていて、「すごいなあ」と思っています。私が言うのも変ですが。

それらのなかで一つだけ紹介します。MLA連携ということです。ナウマンゾウ博物館との連携事業をおこないました。ナウマンゾウの大きさを子どもに見せたいということで、市内の企業と連携して、ダンボールで実物大のナウマンゾウを作って図書館に置きました。これを作るにあたって協力してくれた3Dプリンターの会社と、3Dプリンターの講習会をおこないました。3Dプリンターを買ってもらえたんですね、図書館が。塩尻には漆器が地場産業としてあるのですが、その漆器組合の試作品を3Dプリンターで作るお手伝いをする。その作製したものが、東京の国際展示場でのインターナショナルギフトショーに出品展示され、ビジネス支援にまで発展したのです。ソフト・ハードともにいろんなところとつながることで図書館サービスがさらに発展していくというような図書館運営の思想を与えてくれたのが「えんぱーく」で、いまもその路線で頑張っているところが塩尻の図書館です。

山崎　ありがとうございました。私も何回か塩尻市立図書館にうかがっているのですが、サービスのつながりが大変さりげないと思いました。ぜひ一度ごらんになっていただければと思います。それでは、次に淺野さんお願いします。

淺野　それでは札幌市図書・情報館の紹介をします。「常識のカバーをはずそう」というのはコピーの一つですが、図書館がいままで常識と思ってきたことを一つひとつ考え直してみよう、多様な視点でもう一度考えてみようと思いながら図書館づくりをしてきました。札幌市の図書館は地域の分館を含めて四十七あって、ネットワークはもう構築されているので、次の展開として機能的な分館をしましょうと、この十年足らずの間に「電子図書館」や「えほん図書館」「図書・情報館」を整備してきました。公共図書館でターゲットを絞って運営するというのはあまり聞いたことがないと言われますが、当館のコンセプトは、「はたらくをらくにする」で、働いている方々、ビジネスパーソン支援といったりしますが、そういうことをやっています。働いている方々は、もしかすると図書館をそれほどアクティブに利用してこなかったのではないかということが、私の問題意識としてありました。そこで、こういったサービス、コンセプトを追求するためにいくつか決めごとをしました。一つは、扱う本のジャンルはWORK、LIFE、ARTの三つに絞って、図書館では人気の小説や絵本のコーナーは作らない。二つ目、テーマに沿った棚作りをするために、常識になっている日本十進分類法（NDC）順の配架をやめたということです。それと三つ目に、本の貸し出しはしないということです。貸し出し自体の是非ではなくて、ここは常に最新の情報を提供することが求められることを理由にしています。例えば、一年前のビジネスプランの本や法律の本、薬の本、それから金融商品の本は価値があるのかなと思っていて、いつでも最新の情報が棚で待ってくれている状況をつくりたく、本の貸し出しはしないことにしました。

当館は司書十六人と事務職員七人で運営をしています。テーマに沿った棚作りを説明しますと、WORKのエリアのビジネススキルの棚には例えば「人前で話す準備」とい

うテーマがあり、それから「ハラを立てない方法」、あとは「上司の苦悩」など、一人ひとりの悩みにこまやかに接していくことを考えています。それと、次にこのLIFEの医療コーナーです。がんの医療情報というのは、いまどの図書館でも積極的にやっていることだと思いますが、この棚に「身近なひとががんになったら」というコーナーがあり、その周りには、メンタル、お金、法律、それから家のリフォーム――状況を考えてみると、こういったものがつながってくるというのはおわかりになると思いますが、課題は人のなかで広がっていくものですから、図書館のほうもそれに対応するように棚作りをしています。そうしていると、利用者からは「本棚がとにかく面白い」「いままでの図書館と違うね」とか、「本棚自体が語りかけてくるようだ」という声をいただきました。私たちのところでは、本棚は上から下まで一人の司書が作っていますので、司書たちにとっては、花壇を育てているような、水をあげたり雑草を抜いたりとか、そういう思いで働いているんだろうなと思います。ときには、専門家やいろいろと助けてくれる人たちがいて、一緒に本棚を作って刺激を受けながらやっています。それと図書館の使命は、必要な資料を提供することだと思うのですが、実際、自己実現のためにはお金も必要ですし、ビジネスプランを一緒に考えてくれる人も必要ですので、専門家による出張相談もおこなっています。開館後一年で十一件の起業があったことも聞いています。いろいろな団体とセミナーも一緒におこなっていて、「図書館でこんなことまでできるのか」という声もいただいています。

当初三十万人の入館者の予測でしたが、一カ月で百万人、うれしいことに、変わらず一日三千人ペースで来ていただいています。入館者には仕事帰りの会社員を想定したのですが、ほかにも幅広い層に来ていただいて、やっぱり本というのは豊かなコンテンツなんだなあと思います。うれしい声がいくつか。「本の世界にまた戻ってきました」とか「入りびたりたい」とか、「この近くに住みたい」とか「泊まれませんか？」と言われることもあります。「よし、やるぞ」と目的意識が高まったことをＳＮＳに書いた人もいます。そして驚くことに「税金を払っててよかった」と市長にメールした方もいたようです。その後、Library of the Year の大賞をいただきましたが、オーディエンス賞もとてもうれしかったです。

とがった図書館といわれますが、実は、図書館の基本は何も変わっていなくて、本と人をつなげることをひたすらやってきたところいろいろ工夫することで利用者が図書館に帰ってきたと思いますし、本を借りる場所といういままでのイメージからアイデアや解がどんどん飛び交う場所になっていってほしいと思っています。

山崎　ありがとうございました。浅野さんの札幌市の図書・情報館にうかがったことがありますが、思っている以上に小さな図書館ですね。

浅野　四万冊ですからね。

山崎　そうですね。小さな図書館ですが、大勢の人が来館し、常に満員状態で、本当にびっくりする図書館です。いろんな視点でつくられたということは今日のテーマと関連する話だと思うので、そこもパネルのなかでお話しできればと思っています。

これから、私からお二人に質問して答えていただいて、そこでまた質問していただいてもかまいません。よろしくお願いします。

図書館の最初の印象

山崎　私はもう三十年近く前、お二人は十年くらい前でしょうか、最初に行政から図書館にこられたとき、図書館にどういう印象をおもちになったのでしょうか。そこには印象を含めて、感想もあるかと思いますが、伊東さんからお願いします。

伊東　役所というのは結構頭を下げる仕事が多いので、そういう仕事ではなくて、人に本当に喜んでほしいなあ、みたいなわがままをひそかに思っていた部分があって、図書館っていいかもというような、わりと軽いノリの部分はありましたね。で、実際にきてみたら、利用者と職員の仲がすごくいいし、笑顔があるし、たまには差し入れなどもあったりして、ああ、いい職場だと思いました。最初どう思ったかを答えると、いいところだなあという印象です。ただ、逆のほうを言っておくと、ほかとつながっていないんですね。それに気づき始めてからは、背筋がだんだん寒くなっていきました。

役所のなかをいくつも異動で歩いてくると、必ずどこへ行っても、例えば土木へ行くと、水道管の位置を知ることって必要だし、埋蔵文化財が埋まっているかの確認が必要だしみたいに、縦割りなんだけど、やっぱり縦割りのままではいられない、横とつながっていなければいけないのが役所でした。ところが、図書館は、そこだけでほぼ完結できてしまう。だから気楽さがあるんだなあということも思ってもみた。だからいいのかな、そうか日々利用者に直接サービスできるという場所だから、ほかの場所とは離れていられるんだみたいに自分に言い聞かせていたときもあったのですが、だんだん時間がたつにつれて、これでいいのかなと思い始めたのが、最初のころの私の図書館感覚でした。

山崎　ありがとうございました。同じ質問になりますが、浅野さん、お願いします。

浅野　私はＩＴの部署が長くて、このまま役所もＩＴでいろいろいくのかなあと思っていて、本当にまさかの異動で図書館にきたわけですが、最初の印象は「うっ、カビ臭い」でしたし、それから「ちょっと一見さんに優しくないかなあ」と思いました。図書館をリピートして使っている方にはいいのかもしれないけど、最初にきた人にはあまりフレンドリーではないなあというのが最初の印象でしたね。

その後、一、二週間たって、図書館ってすごいと思ったことがありました。私はＩＴセクションのときに同じ係で観光サイトを作っていたのですが、予算を用意して、編集プロダクションやＩＴの会社を呼んで取材を依頼して、地域の人に地域の魅力などをインタビューして原稿を起こして、それをウェブサイトに載せていました。しかし、図書館にきてみると、地域資料というかその街の資料を職務で集めている人がいることにびっくりしました。私は外の企業に委託してやっていたので、どうして最初に図書館と組まなかったんだろうと思って、こんなに資料がいっぱいある、取材かけなくてよかったのかもと思いました。

もう一つの驚きは、図書館は地域で手づくりで出版されたものなどいろんなものを集めていますが、それをファイリングして本棚にドンと置いてあるんですね。で、誰かいつか来てくれるかな……で終わっているみたいな感じだったので、待っているのではなく、もっと知ってもらえないかと思ったのです。そこから私はネットで調べる時代に合わせて、電子図書館の開発に向かったのですが、そういうフックをネットに慣れた多くの市民にかけていかないと、本当に職員の頑張りに応えることもできないと思いました。

山崎　お二人とも、私が思っている以上に図書館のよさを表現していただけました。私からも少しお話ししますと、三十年前に図書館に行政から入ってきて、新しい図書館をつくるという仕事をしました。当時は図書館のことはよくわかっていなかったのですが、それでもやはり外に向かっての発信は弱いかなという感じでした。お二人と共通していますが、内部にはやはり様々な機能があって、特に県立図書館だとバックヤードの資料がすごく充実していると思いました。ただ、このことを本当に住民にわかってもらっているのか、疑問をもちました。ここがやはり図書館の大きな課題なのかもしれません。

なぜ図書館の仕事をしようと思ったのか

山崎　二番目の質問ですが、お二人は、図書館に自分から、あるいは突然入ったと思いますが、図書館関係の仕事をいまもされています。なぜ、図書館で仕事を続けようと思ったのか聞いてみたいです。どうでしょうか。

伊東　図書館で働く理由は、みなさんそれぞれ違うところもあると思います。私は、確かに図書館で働こうと思って手を挙げましたが、もともと図書館ではなくて地域づくりに興味がありました。「えんぱーく」にきたことがある人は、静かな中心市街地の真ん中に「えんぱーく」が立っているのを見ているわけです。あの田舎《いなか》の、全国によくある銀座通りの真ん中にあるのですが、そこに、当時「えんぱーく」という名前はなくて、市民交流センターという公共施設を作ってそこに図書館が入る、それをもって中心市街地の活性化をする、というプロジェクトだったわけです。公務員になりたいという人が多いのですが、公務員の仕事とは何なのかという話です。公務員と一言で言っても、穴を掘っている人、水道を見て回っている人、お金を数えている人、子どもの面倒をみている人、老人の面倒をみている人、仕事としてみれば、ありとあらゆることをやっているのが公務員です。そういういろいろなことをやらなければならない人間が、自分の生き方として、どういう使命感の軸をそこに打ち立てられるのかという問題なのです。安定して給料が入って一生生きていけるということでよければ、それはそれでいいのですが、私の場合は、地域のためということを軸にしてずっときていました。どこに異動しようが、その仕事を通して地域のためになるのであれば、どの仕事でもできたということです。この仕事を通じて地域に役立つということをいつも見つけられて、それを軸にしてやってこれたのです。だから今度の「えんぱーく」の仕事も、中心市街地という、僕は村づくり的な仕事のほうがどちらかと言えば好きなんですが、まあ中心市街地でもいいや、塩尻が田舎町だからまあいいかという感じで（笑）やったんです。一つの地域を、図書館が好きだったので、図書館を使って元気にできる。そのとき、何をすればどうなるなどという理屈がもてていたわけでは全くありません。とりあえずは、新しい施設を作らなければいけないというミッションがありましたので、図書館を使って地域の人が元気になる、あるいは図書館は人がいちばん集まる公共施設なので、そこに人が集える場所を作るんだというミッションが自分に与えられたということです。それで、手を挙げることができました。実はそこにも落差はあったのですが、そのあたりのところはまたあとの話としていこうと思います。とりあえず、なぜ始めたのかという意味では、そんなスタートの仕方でした。

浅野　伊東さんのいまのお話でいうと、その、市街地の活性化では最近、総務省の仕事でいろんな街に行っていると新館計画というのは結構あるのですが、若者を中心市街地に呼びたいとか起業を増やしたいとか、そういうのが明確になってきています。三十年なり五十年なり、その図書館は開館し続けなければいけないわけですから、いままでどおりのビジョンで、例えば「いい本を広く人に届けましょう」みたいなビジョンだと、結局「また同じことをやるんですか」という声もあると聞きますし、その逆で、それでビジョンが明確になっているのかと思いました。先ほど伊東さんが落差の話もあとでしたいということでしたので楽しみにしているので、質問になってしまいますが、印象に残ったというか、人助けというか、何かできた事例はありますか？

伊東　過去の話でいいですか？　人助け、人を具体的に助けられたかどうかということでは、福祉、老人ホームにいたこともあるのですが、そういう直接的な意味での人助けの仕事ももちろんありました。公務員はもともと「住民の福祉のために」と法律にも書いてあって、最初、それがピンときていなかったのですが、いろんな仕事をするうちに、役所という組織が、それぞれの場所でいろいろな仕事をしているわけで、それが一体になって、いろんな歯車が回転しているのはなぜかな、ということが年をとってくるにつれてみえるようになってきました。僕らの仕事というのはやっぱり住民生活や社会生活を支えているにすぎないし、それが立派にできていればそれでいいんだということを思えるようになって、二十年たって振り返ってみたら、自分がやってきた仕事というのは、ずっと地域づくりという枠のなかで、与えられた場所でやっていたんだなと本当に思えました。

浅野　のちにつながる話だと思っていたのでお聞きしました。私も前に「役人って、役に立つ人のことだろう」とある人に言われてはっとした部分がありました。最初のテーマの質問に戻ると、なんで図書館で仕事を続けようと思ったのかは、本って本当に面白いなと思ったからなんですね。前はウェブをずっとつくってきたわけですが、みなさんには当たり前だと思いますが、本を作るときって査読するんだ、と。ウェブサイトのマネージャーをやっていたときに、もちろんチェックはしますが、本を作るときほどの査読はやっぱりしていないんですね。それが札幌、北海道の出版社といろいろお付き合いするようになったときに、本ってこうやって作られるんだって。それはやっぱり流れていくウェブ情報とはやっぱり違うなあと。それと、これもまた面白いなと思ったのは、ウェブはどんどん書き換えられますが、本というのは、その時代というかそのときにくさびを打つように存在するものだと思ったんです。たとえそのあとそれが間違っていたということになったとしても、このときはみんなこういうふうに思っていたというのがわかるというのは、本当に本にはウェブとは違う価値というか存在意義があるんだなということがありました。当然ウェブ全盛だったわけですが、本のほうもやっぱり守らなければいけないなと思いました。

役所の人の視点から言うと、変な言い方ですが、図書館にいたら何でもできるんだなあと。今日集まった人は、図らずも図書館に異動できてしまった人とか、キャリアの後半のほうで図書館長になってしまったという人だと思っていて、そうした方々のために今日話そうと思っているんですが。

例えば、どこかの自治体で、青少年をアメリカに派遣しましょうというプランがあったとします。そうすると、それは国際部の仕事なのか、青少年課の仕事なのか、または教育委員会の仕事なのかとか、そういうので分かれるというか、マトリックスができますよね。結局、それらの各課で話し合った末に、その事業が見送りになることもどこかの街でありうるのかなと思っているんですが、図書館は学びのフィールドなので、何でも取り扱えるじゃないですか。これは人助けというか、人育ての部分だと思うので、国際課でも青少年課の部分でも、図書館ではそうしたことに巻き込まれずに仕事ができるというのは、役所の人としてはとっても楽というか、いいなと思いました。それと、最近はKPI（重要業績評価指標）という費用対効果みたいなことがずいぶん言われますが、図書・情報館はビジネス支援なんですが、経済セクションだったら、例えば一千万円お金を投下したら、何社のベンチャー企業が生まれましたか、みたいなことがKPIだと思うんですが、私たちに求められるKPIってそれじゃないんですね。もっと長い時間をかけて、その起業のマインドを育てていくというようなところなので、短期的というか何人起業したのかという目先のKPIではなくて、長い時間をかけて、起業、創業に取り組んでいくというのがあります。各年度単位でも予算が決まり、人もどんどん入れ替わっていく役所とはまた違うなと、だからやる価値があると。目先のKPIにとらわれず、何年もかけていろんなことができるというのが図書館のいいところかなと思いました。本の価値は即効性ではなく遅効性だと思います。それを生かしたはたらきかけをおこなっていきます。

山崎　ありがとうございます。私もお二人の考えと似ています。例えば本の分野は、NDCで○類から九類まであるので、イベントも事業も自分が好きな分野で実現できる。公務員の仕事は、ルーティンワークが多いですから、決められた枠のなかで仕事をしなければいけないという点がありま す。しかし、図書館は、企画さえ通れば、自分のやりたいことができる。伊東さんがお話しされたとおり、そこで様々な人とつながることもできます。これは大変な魅力だと思いました。私は図書館にきた当時まだ若かったので、人のためなんて思ったことは正直あまりなかったのですが、でも図書館にきた人が笑顔になって帰っていくというのは、サービスを提供する側にとって幸せなことだと思いました。それでここでずっと働いていたいなと思うようになったんです。私の場合、四年で戻ってこいと言われていたのですが、結局、司書資格も取って、本格的に図書館の仕事をやろうと思ったのがその数年後でした。いまは、最後まで図書館に勤めることができてありがたかったと思っています。図書館のなかで様々な人と出会えたり、自分のやりたいことがやれたり、図書館を利用している方々の笑顔が見られたり、図書館は精神的なストレスがない職場だと思いました。単にルーティンの仕事を繰り返していればそうならなかったのかもしれませんが。お二人もそうですが、私もどちらかというとルーティンを壊すのが楽しかったので、なるべく視点をたくさんもって新しいサービスをやっていこうと思っていました。

図書館での仕事を続けるうえでの課題や困難

山崎　若くて知識もない人間が何かをやろうと思うと、お前はものを知らないのになんでそう言うんだみたいなことは何回かありましたけど、お二人はその点はどうだったでしょうか。つまり図書館に入ってこられてからちょっとの間、あるいは最近まででも結構なんですが、課題や困難があったのではないでしょうか。

伊東　そうですね、まあ課題と困難だらけでしたので、あらためて話せと言われると、時間くださいって言いたくなるんですけれど（笑）。その前に、さっき浅野さんが「役所の人って何でもできるんだなあ」とおっしゃったのですが、何でもできる人が役所の人になっているわけではないということは、みなさんにちょっと言っておかなければいけないなあと思っています。役所の人って特別でもなんでもなくて、役所の人になるとなんでもやらなければいけないだけなんですね。なので、いま山崎さんがおっしゃったように、図書館はそういう意味では逆手に取って何でもできるところだから、誰でも図書館にくると何でもできるよって言いたいなって、お二人の話を聞きながら思ったんです。

来たときの困難と課題に話を戻します。先ほどの話ですが、最初、カウンター越しに笑顔が交わされる図書館のよさみたいなものを目の当たりにしながら、それがとても閉じられた世界だなという感想をもったわけです。どうしてこんなに役所の各課とつながらずに仕事ができるんだろうと。逆に言えば、できているという現実を認めなければいけなかったのです。そうすると、私は「えんぱーく」を作るのは地域づくりだと思って図書館にきましたので、このミッションがどうなってしまうんだろうということですよね。図書館が地域とつながっていなかったとは言いませんが、ほかの課で本当に地域へ行って仕事をやってきた人間からすると、カウンターで本を貸して喜んでもらうという世界と地域づくりとが近づいていけるのかなというのが、僕の大きな課題になってしまいました。それでみえてきたのが図書館業務のあり方だったのです。図書館の仕事で市民を笑顔にしようと思って図書館に足を踏み入れたのですが、そう思っていた図書館の仕事というのが、地域だ社会だビジネスだとかという、最近ではそんなに不思議ではなく語られている言葉がまだまだ語られていなくて、どんな本がいいかみたいなことがまだまだしっかりと言われていた時代に足を踏み入れていたわけです。しかも僕の頭のなかもそうだったんです。それを不思議とは思わずにいたので、そういうものだと思って、いいなあと最初は思っていました。けれど、図書館がやれることはここまでなのかという疑問がわいた瞬間に、焦りに変わりました。いまのこの仕事を続けていていいとはとても思えない。じゃあどうしようというところをいきなり突き付けられて、僕の場合は、その焦りはどんな「えんぱーく」を作ろうかというミッションと直結していたので、逆に言えば何か思ったことを形にできるチャンスでもあったのですが、一つの地域のなかでどんなことをするのか、図書館で何ができるのか。十数年前ですが、なかなか出てこないんですよね。ビジネス支援とかって言葉も生まれていたし、そういう時代になってきそうだよという話はあったのですが、まだ実態がなかなかみえなくて。でもそれは、いままで思っていた図書館とは違うぞということですね。

そのころ、統計の数字などをみて、当時いちばんはもちろん貸し出し数でしたけど、貸し出しが前年比一パーセント増えたとか、予約が何パーセント増えたの減ったのとか、平均がこうなのにあの図書館は頑張ってるぞとか、そういうことで一喜一憂していました。私は一〇〇を基準にして考える癖があって、市民のなかで何人借りているかという数字のほうに目を向けたら、びっくりしました。図書館では、市民の十何パーセントのうちの〇・何パーセントが増えた減ったという話をしていただけあって、一〇〇のうちの一〇パーセントという現実についての一喜一憂はないし、ましてそれを三〇にしよう五〇にしようという議論はなかったんです。やっぱりそこをやっていかなければだめだぞというのが僕の最初の課題で、しかもとても困難。どうやっていったらいいんだろうと思いました。ただ当時、ある方から、塩尻は伸びしろがあるから大丈夫と言われましてね。そうだったのかと思って、なんか半分グサッてやられたような感じでしたけど（笑）。それを励みにしたわけではありませんが、いまでもそれは思います。やれることはいっぱいある。逆に言えば、やっていないことがいっぱいあるということですからね。困難からそれを励みにするところまで話がいってしまいましたが、そんなことを思いながら、当時「えんぱーく」づくりにまず励んだというのが私でした。

浅野　図書館で仕事をしようと思ったときの課題とか困難についての質問でしたが、まず、まさかの異動で図書館にきてしまった方々にとっては、そこの司書とうまくやっていかなければいけないという最初の関門があると思います。まず段ボールは一緒に運びましょう（笑）、書架整理はまず一緒にやりましょう。そこからだと思います。ちょっと真面目なことを言うと、課題として、やっぱりお金のこともありますね。図書購入費がどんどん減っていると思います。それで例えば財政査定とかで、同じクラスの市のなかで下から何番目ですと主張しても「ああ、そうですか」とスルーされてしまうのではないかなとやっぱり思います。もっと大変だったのは人手不足の問題ですね。逆に市お金よりも人のほうが獲得するのはなかなか大変でした。でも、これも市役所にいたので、逆に市役所側の見方がわかっていたんですけれども。

じゃあ図書館は何を頑張ってるんですか、と。本の貸し出しを一生懸命頑張っていますと言ってしまったら、「いやいまだってブックオフとかもあるし、ウェブでいろいろ読めるし」というような答えが返ってきてしまうわけです。それから司書の数を増やしてくださいと言っても、これは札幌市の事例ではありませんが、司書というのは朝から本を読んで昼ぐらいに仕事を終わっている人なのではないかと言われてしまうこともあったようです。選書というのが司書の大事な仕事の一つですが、段ボールに四十冊入るので目録から四十冊、あなたは選べますか？、あるいは四百冊、四千冊を選べますか？と人事の方に問いかけたこともあります。また世の中の司書のイメージは小説好き、本に囲まれて幸せ、世の中のことはあまり……みたいな、なにか古書堂の人みたいな感じのところがありますが、そういうのを変えていかなければいけないなあと思いました。実際、違いますしね。また、あってよかったなという事例を積み上げないと、いつまでたってもお金も人も増えてこないのではないかと思います。

私がよく言っているのは、結局、図書館事業も自治体の事業だということなんです。その市役所、県庁の事業であり、地方自治法というものに立脚しているわけですが、地方自治法ではその首長のイメージは大統領だと思うんです、私はここから大統領というのは王様みたいなものでしょと言っています。王様というと、『万葉集』の昔から、山の上から見て、かまどに火が立っていてみんなご飯食べられているなあとか、いま望遠鏡で見て、子どもたちが健やかに育っているなあと、そういうような事例を積み上げていって理解を得なければ、図書購入費を削られて、それが不見識だって言っても、なかなか何も変わっていかないと考えていて。だから役所とつながるというのも大事なことだと。もちろん迎合するという意味ではありませんが、図書館を使って、うまくその施策をPRするとか、あるいは図書館というところは高齢者しか来ないと嘆いている図書館員もいると思いますけど、私が図書館にくる前にボランティア支援の仕事していたときも、お金をかけてイベントをやって元気なシニアを呼んでボランティアやりましょうということを言っていたわけですが、こんなに毎日来るんだったら、毎日ボランティアキャンペーン、塩尻ではもうなさっているのかもしれませんけど、をやると言うと市役所側もすごく楽になると思います。

市役所、県庁から図書館にきた人というのは、その前のところにいたときには図書館についてはノーマークだったと思うんですけど、せっかく図書館にきて、こんなことやあんなことができるのかと思ったときに、自分の前職のことをちょっと考えて、自分があのときだったら図書館をこんなふうに使えただろうというのをちょっと考えてみると、いろいろ連携もできるのではないかなと思います。

山崎　私にも二つ経験があります。一つは、周りの方々に図書館に勤めていると言ったら、「図書館は十人ぐらいでやっているんでしょうかね」と言われました。もちろん、県立図書館はそんなことはなくて、バックヤードで常に多くの職員が働いているんですね。ただ、カウンターに出ているのは五、六人なので、おそらくそれしかみえていなかった。

浅野　そうなんですよ。図書館のサービスには直接サービスと間接サービスがあって、間接サービスのことを役所は誰も見てくれないんです。内側だから見えにくいと思うのですが、直接サービスだけを評価されてしまうんですよ。カウンターに何人はめられればいい、みたいな。

山崎　閲覧室がすべて、みたいなことですね。関連して一つ紹介します。あるときに、県内の社長百数十人にお話しする機会があって、ビジネス支援とかについていろんな話をしました。図書館の新しいサービスは何かみたいな話をして、これで少しは理解してもらったと思っていたら、そのあとの質問時間に三人だけ手を挙げてくれました。三人とも似ている質問で「図書館は、どのくらいお金を取るんですか？」「入館料はいくらですか？」「レファレンス・サービスって高いんですよね、こんなことまでやってくれるとは」と。つまり図書館を利用したことがないんですね。ただ、講演の次の日十人くらいの社長が来てくれたので、話した価値はあったのかなと思いました。やっぱり自分で思っている以上に図書館は周りから理解されていないのです。それを変える仕組みもあまりもっていなくて、それでさらにいろいろと広報しようとすると、内部から批判も出てきかねない。私は外でしゃべる機会が結構ありますが、身内からは「いいことばかりしゃべって」と言われたこともあります。お二人の話はどちらかというと外視点の話でしたが、身内との問題はありますか？

伊東　どこの公共図書館も自治体に属しているわけですが、その自治体の庁内というか役所を味方につけるというのものすごい力が必要です。その理解を得るというか、その努力をしていますかということを思うんです。僕は、地域に認められ、地域に大事にされる図書館をつくりたいと思っているのですが、その一歩手前にやっぱり役所が絶対あるんですよね。そこが大事にしてくれないとだめ。そうではないからお金もつかないし、人もつかない。そこが認めてくれていないということですよね。例えば、役所からレファレンスの依頼を取る努力していますか、とかね。僕は、そのあたりすごく大事にしたいと思っています。図書館にきては戻っていくみなさんもたくさんいるわけですから、そういうみなさんが増えてきたときに、例えば部下から「これどうしたらいいかわからないんです」という問題があったときに、「図書館で調べたの？」と言ってくれる課長や係長が増えていかないとだめだろうと思うんです。さっきの淺野さんの「なんだこんな資料を集めている部署があったんだ」、みたいなね。知らないんです、そんなこと。保存年限五年だから捨てればいいやと思っている部署しかないところで、いやいや捨てないでくださいって言っている部署があるということを。ＰＲしていないのは図書館側じゃないか、としか言えないですよね。それをきちんと訴え続ければ、なくてはならない部署になっていくんじゃないかなと思うんです。たぶんその努力をしていない。だから、カウンターに来る利用者の笑顔は大事にしているけど、というところにいってしまうんです。役所の人が来ないので、「来なければいいや」になっているとまずいでしょ。で、お金も人も削られて、愚痴しか出てこないようになっていったら、もう負のスパイラルになっている気がします。だから、僕は役所からレファレンスがきたら、食事しないでもやるという、スピードと中身。量も質も両方素早く優先する。市民が聞いたら、身内を大事にするのかと怒るかもしれませんけど、役所の仕事を支援することも一つの仕事ですので、それは絶対やってくれと言っていました。そんなことをどこの図書館もが始めたら、「図書館っていいぞ」と言ってくれるようになっていくのではないかなって気がするんですけどね。

淺野　最近、課題解決型サービスをする図書館が多くなりましたが、ただその前に、その自治体の五年計画だったり、街づくり計画だったり、マニフェストだったり、一回ちゃんと読んでおいたほうがいいと思うんです。その街の図書館ですから、その街の人の役に立たなければいけないわけで、課題というのは市役所がもっているその課題意識というか計画と近いので、まず市役所のそういった計画物を読んだりしたらいいと思いますし、あと、私が役所に行っていろいろ話をするときには、もうざっくりと「図書館は外付けハードディスクみたいなものだと思ってください」と。

伊東 そうそう。そうなんです。

浅野 行政で作っているいろいろな調査結果をまとめた資料とかもありますね。もちろん、もう市役所にないと言われそうなのもあるんですよ。古くなって保存状態が悪かったり、組織統合とかでその課自体がなくなってしまうこともあるので。そこが作った資料、これは行政の人だけではなく民間の人にとってもすごく有益なものがいっぱいあると思うんです。例えば若者の意識調査とか。どこの図書館でもそういう市役所に残っていない行政資料を集めていると思いますが、それがあるんだよということを出していくといいかなと。外付けハードディスクですから。五十年、百年はもちますみたいな感じですね。

伊東 いまの話で、僕が図書館へくる前にいた職場で係長やっていて、部下から社会や地域のいろいろなことを聞かれるような仕事になっていたときがあるんですね。そのときに、行政のルールを聞かれているわけではなかったので、聞かれても結局、僕も調べなければいけないみたいなことが多かったんです。「図書館で調べて」って言ったら、「行ってきていいですか」と言うから、「いいよ、行ってこい」と図書館に行かせたんです。しばらくして気づいたら、彼は何かあるたびにすぐ図書館に電話しているんです。図書館ではそれをやってくれる。図書館は喜んでやってくれますから、当たり前ですけど。レファレンスというものがとても便利な、要するに自分が部下をもっちゃったみたいなね。調べてもらって自分は違うことをやる、みたいな技術を手にしてしまった彼はすごかったですよ。そのあと、私は異動で図書館にいったんです。そしたら、そこにいる司書たちがバタバタやっていて、また○○さんからレファレンスですってね。まだやっているんだって、笑いながら思ったことがあります。まさに外付けハードディスク。いいように使ってもらえれば、こんな便利なものはないと思うんです。

山崎　お二人の話を聞くと、図書館にはアーカイブ機能、具体的には保存、資料をしっかりキープしていく記録装置みたいな役目が一つあるということがわかります。さらに伊東さんの話を聞くと、まさしく秘書機能があることになります。役所で秘書を一人雇っているようなイメージですね。ただ、あまり理解されていないので、それを使えていないということなのでしょうか。

伊東　使えていないですね。

図書館内部でのコミュニケーションで工夫した点は

山崎　もう一つ少し突っ込んでお聞きしたいのですが、例えばいま話されたようなことを、外部と連携して実施する。これは大切なことだと思うんですが、そのなかで、館長だったり、同僚だったりそういう職員の方々と軋轢とかはありませんでしたか？　もともと図書館の人はアウトリーチが苦手な人が多かったですね。いまはだいぶ変わってきたと思いますが。そうすると、どんどん外に出ていきたいけど難しかったり、あるいは立場が低いとそんなことを上司にも言えないみたいなことってありますね。図書館内部での、ある意味で壁というのはなかったのでしょうか。私がいろんなところに行って講演したりすると、悩みを打ち明けられるのが、例えば「今年館長になったんだけど、ベテランの司書からことごとく反対されています」みたいな。もちろん逆もあるんですね、当然ながら。上に対してなかなかものを言えない。そういう意思を共有するというところで、お二人のなかでは工夫された点はあるのでしょうか。

伊東　私は、職場でも家庭でもおとなしくしているほうなので（笑）、そんなに苦労はしていないというか、無駄なところにエネルギーを使わないようにしていましたけど。さっきの浅野さんではないけど、運ぶときは一緒に運ぶ。そういうことをモットーにして、スタートしていました。むしろ外のほうがやっぱり問題はしんどかったかなあという気はしていますね。

山崎　だからうまくいったんでしょうね。

伊東　なかという意味では、僕が図書館にいったとき、ちょうど「これからの図書館像——地域を支える情報拠点をめざして」（文部科学省、二〇〇六年）が出たときなんですよね。だから、これからビジネス支援みたいなことを図書館がやっていくんだ、と初めて活字になったタイミングで、そのことを誰もわかっていなかったんですよ。何をやるの？みたいな。そんなの図書館の仕事なの？、みたいな空気がまだあるときでしたから、一緒に成長していける時期だったかなと思います。僕の個人的な事例になってしまいますが。

山崎　さっき、仕事も一緒にやったという話がありましたけど。そういうところに、職員とつながる部分があったのでしょう。最初に伊東さんにお会いしたのは、塩尻市に講演で呼んでいただいたときで、びっくりしたんですが、ほとんど全員が女性の司書で、伊東さんともう一人だけが男性で、部屋のなかに男性が二人しかいないので。そういう点でも苦労されたのかなあと思って聞いてみたのですが。大丈夫ですね。

浅野　本心ではないと思いますけど。なかでの壁みたいなのは、どこの職場でもありますよね。これをやりたいという人がいて、そうじゃないという人がいたり、これをやりたくない、でもやらせられるとか、ということはいくつでもあると思うんですけど、まあじっくり話し合うしかないかなあとは思うんですが。

さっき伊東さんが言ってくれた、図書館はただ本を貸しているだけじゃない、こういういろんな指針があるんだよっていうのは世の中にいっぱい出ていますよね。文科省の『公立図書館の設置及び運営上の望ましい基準』や、菅谷明子さんの『未来をつくる図書館――ニューヨークからの報告』(〔岩波新書〕、岩波書店、二〇〇三年)とかね。いろいろそういうことがあっても、行政からきた人はまだそこまであまりみていないというのがあるので、あの星に向かっていくんだよというものをビジョンを示すことが大事ですね。喜ぶ人の顔を見て喜んでくれる人たちがやっぱり図書館員だと私は思うので、そういう人たちに、今度これをやると図書館もよくなるし、周りもよくなるしみたいな、向かう先の北極星を見せていくことが大事だと思いますね。私は図書・情報館のときは、働いている人がまさに社会を支えているのに、それまでその人たちにあまり図書館サービスができてこなかったのではないか、それで、こういう機会があるので、その人たちを助けようというようなことをざっくり言いながら、よくよく話し合っていきました。

山崎　やっぱり話し合うことは大事ですか。職員と考えをともにするということですね。

浅野 そういったときに、未来の指針みたいになるようなものがいろいろ出ているので、それはやっぱり積極的に吸収するべきだし、図書館総合展もそうだと思うんですよね。ここにきて、いろいろな話を聞いて、そうかそんな考えもあるのかということを仕入れるというのは大事かなと思います。

山崎 私は別に関わっている仕事としてビジネス支援図書館推進協議会があって、お二人の図書館に講習会場になっていただいたんですが。そのとき、職員が学ぶ場というものをしっかり考えていて、それがやはり図書館サービスの最初のアセットになっていると感じたんです。活性化している図書館はやはりハードだけでない、つまり図書館員の力というものをとても重視していて、それがベースになって様々な連携が進み、いいサービスになっているということを感じさせられました。

伊東 そういう感じ方をしていただけたとしたら、とてもありがたいことです。図書館は、いい本があるとか、いい環境があるというのももちろん大事ですけど、やはり人が、先ほどの浅野さんのところでの本と人をつなげる司書のように、やはり図書館員がしっかり働けるということがとても大事だと思うんです。そのためにはスキルアップしてもらわなければいけないし、そういうことでも大切にする。働くためにはしっかりスキルも学んでもらうし、学びたいところには行ってもらう。そういう場はできるだけ提供していくというのが大切という気がしています。だからビジネス支援の講習会もそうですが、さまざまな方に講演していただく図書館の事業には、職員の勉強の場という下心があるんですよ。いろんな人に来てもらって、市民がそういう人の話を聞く機会にもちろんしているのですが、職員もその機会を得られるわけで、そういう機会を予算化してもらえるという仕組みにしているつもりなんです。そういうところが、働く場としてメリットがあると思って働いてもらえれば、ありがたいことなのかなという気がしていましたね。

淺野　私が図書館総合展に行きだしたころに、知り合いの司書にたまたま会うわけです。みなさん「出張で来たの？」と聞くと、「いや自費です」と言うんです。「えっ、でもこれ業務に役立つものだから来たんですよね？」「いや出張旅費なんか全然なくて、研修費なんかなくて」。いやもちろん自費で来られたほうが復命書を書かなくていいとか、そういう楽なこともあるのでしょうけど、やっぱり学びの場というのがもっと用意されていないといけないなあと思うのです。図書館も、図書・情報館も開いたばかりなのでピカピカにきれいですが、いつかは古くなっていくわけです。だけど、そのなかで働いている司書が、生き生きと働いて、いい本棚を作り続けているのであれば、もうピカピカにみえていくんじゃないかなと思います。だから研修だとか出張だとか、市役所や県庁の部署に比べて施設の予算はあまりにないなあと思うんですけど、塩尻はどうでしたか？　視察研修経費とかついていたんですか？

伊東　少しはありました。

淺野　やっぱり、司書も育てていかなければいけないし、司書資格は資格ですけど、十年なり二十年なりキャリアを積んでいろんな勉強をして本物の司書になっていくということだと思うのです。いくつか予算獲得のチャンスはやってくるので、そのときにこの研修の経費をとってほしいと思います。鳥取県立図書館と言えばビジネス支援でトップランナーですけど、小林隆志さんが開口一番に、「鳥取県立図書館のいちばんの自慢は研修費をいっぱいもっていることです。みんなバスを仕立ててほかの図書館を結構見にいくんですよ」って、力強く言っていました。ほんとにそのとおりだなと思うので、一人ひとりの司書の能力の開発というのも一生懸命やってほしいと思います。

伊東　予算がほしいのはやまやまだし、人がほしいのもやまやまで、それはもちろん当たり前なんですけど、現実はそうじゃないよねって、聞いている人たちも思っているでしょう。塩尻も私が行ったときは、臨時職員は基本的に研修なしだったんです。どうしてかというと、五年で辞めるからという話があって。いやそれは違うだろうという話をして、その後は雇用期間も延び、いろいろ情勢は変わってきましたが、それを説得するときに、図書館の使命とか社会的にとか言ってもだめなんです。その人は庁内の人なのでさっきの話に戻るんですよ。図書館は必要だという基本のところがないと、お金がかかるだけの施設であり組織になってしまう。「僕はたまにしか使わないけど市民の役に立ってるよね」とか、そういうものがやはりみえていないと、図書館を支援してほしい人たちからして、その支援する理由がなくなってしまうというのは本当につらかったですね。それをなんとか説得していかなければならない。予算折衝などはてきめんで、その金は必要なのかということになりますから。公務員はもともとがお金を節約する癖がついていますし、そもそも市の財政事情をわかっていなくてはなりませんから、こちらもそうですよねって言いたくなることもありますからね。でもやはりそうならないためには、幅広い図書館サービスを周りに見せていくことが大事だなと思っています。

淺野　見せていくことは大事ですね。

山崎　ここで、質問がいくつかきていますので。それについて答えていきたいと思います。一つ目は、「図書館は役所とつながっているという話がありましたが、役所とつながるとしたら、図書館の役割はどうあるべきなのか。またその場合の役所のメリットとは何か、その点でもしわかれば教えてください」という質問です。

伊東　どうあるべきかというところで言うと、二本立てで考えていて、図書館ならではのできることは何かということと、もう一つは関係部局との連携の仕方。どこかと連携をしようとすると、何やろうとしても、ほとんどの場合、役所に関係部署があるんですよね。さっき言ったように役所はいろんな仕事をしているので。ビジネス支援やろうとすると商工課がある、農業支援やろうとすると農業課があるみたいな感じになりますよね。役所のその課と競う必要は全くないので、そこの課を意識した仕事をする場合は、僕はまずは支援でいいと思っています。そこの課の仕事の応援ですね。かわりにPRしたり、資料提供したり、など下支え的な仕事でいいと思っています。そういう関係になれないでいるところについては、一つ目の図書館の独自事業として、図書館にある関係資料を生かすことによって、地域と産業の支援になるとか子育て支援になるとかいうフレーズは生まれてくるはずなので、その二本立てのなかでできることを考えていけばいいと思います。

一つアドバイス的なことで言うと、というより僕の失敗談から言うと、図書館外の人との関係ですが、図書館との連携事業をやりませんかというようなシナリオで事業化しようとするのは、最初から無理してやらないほうがいいと思います。図書館としてできる範囲のことを、まず一歩を踏み出すところから手をつけていけばいいと思います。具体的な話ではなくてすみませんが、職員に対しても少なからずプレッシャーになりますし、長い目でみて継続できないことは無理しないほうがいい。僕の経験からです。

浅野　役所とつながるときの図書館の役割。メリットがある役所の部署はどこかということですね。各部署の職員の能力の開発を図書館が助けるというのも一つあると思います。自分の外部の頭脳としてレファレンスを使うというのも一つ。それとアーカイブの機能。この三つはあると思います。もう一つあるとするならば、いま図書館ではいろんなセミナーや展示をやったりしていますね。札幌市も何年か前から、各部署に図書館と連携しませんかという照会をかけてます。そうすると何件かくるものですから、そのなかで、じゃあ一つひとつやっていっています。私もかつてNPO支援、ボランティア支援の仕事をしているときに、そのファンドのマネージャーをしていたのですが、そのときに、市民活動サポートセンターみたいなのがほかにあったので、「いろんなアクティブな動きをするときにはそこに行ってください、制度の部分はこっちでやりますから」みたいな。なのでとてもよかったんです。市役所というのはどうしてもそういった制度の運用とかになると思うので、「じゃあ図書館を使って活動しませんか」とか「ここでPRをしませんか」とか、そういうようなことの投げかけはできると思います。それは経済セクションもそうだし、それからボランティアもそうだし、まあ福祉もそうでしょうし、市役所の仕事というのは結局人生すべてに関わってくる仕事なので、すべて図書館のエリアだと私は思います。

山崎　図書館というのは土日も開いていますし、夜間もやっていますから、役所の窓口にもなりうると思います。役所の課に、「ちょっと暇だから今日は遊びにきました」という人はなかなかいません。そう考えると図書館は役所とつないであげる機能があります。私もビジネス支援サービスを始めたときに県庁のある方から怒られたことがありました。「ビジネス支援って役所の仕事なのに、なんでお前のところでやるんだ」みたいなことを言われたんですけれども、つなぐ役目というのは結構ありますね。役所のどこに行けばいいかもわからない。あるいは普段仕事をしているから、そこに行くのも大変だというときに、役所が閉まっている間も図書館は機能していますからね。そういう点ではサポート的な機能、お二人も話しましたけど、そういう面はかなりあるかなと思います。

もう一つ、質問に答えたいと思います。「個人的な経験ですが、役所からきた上司とうまくいかず、図書館のアルバイトを、司書資格をもっていてもクビになったことがあります」。今日のテーマと少し違うかもしれませんが、役所の人間だったことを踏まえて、何かコツみたいなものがあれば、という質問です。

伊東　役所、図書館に限らない話ですね、うまくいくいかないは。ここで図書館ごととして話すのは少し難しい話題ですね。

山崎　コミュニケーションの問題ですね、おそらく。例えば上司にどのように話をしていくか。自分がやりたいことをきちんと説明していくことが大事です。また、図書館のなかに、そのような仕組みをもった内部システムを作らなければいけません。私が現役時代には、横断的なグループを役職に関係なく作る、また、非常勤職員がちゃんと意見を言えるようなヒヤリングの場を作るなどしていました。加えて話し方のコツみたいなのはあります。あまり上司に熱心に話しすぎてしまうと、引かれてしまうのです。さりげなく、例えば、誰かが書いた雑誌の論文を置いてくるとか、終わったあとさりげなく立ち話で、「こういうことが新聞に載ってました、すごいですね」と自分の提案でなく、さも他人がやったようなこととして自分がやりたいことについての情報を流してあげるというのは、上司にとってはすごく受け止めやすいと思います。いろんな工夫があるので、コミュニケーションを勉強する機会があればいいかなと思います。

これからの図書館への提言

山崎　最後の質問をしたいと思いますが、お二人が図書館についていちばん提言したいこと、これからの図書館に求めたいという点があれば、簡単で結構ですけれど、お話ししていただければと思います。

伊東　今日のテーマをいただいたときに私が思ったことは、役所からきて、私なりに頑張ってこれた理由というのでしょうか。どういうスタンスで私は頑張ったんだろうみたいなところなんです。もちろん市民の笑顔云々はあるんですけど、やっぱり経営だなって思ったんです。図書館経営ということになりますが、図書館とはどうあるべきかという図書館の経営ではなく、図書館の周りを取り巻く地域経営。どうしてそんなことを言うかというと、役所でずっと仕事として取り組んできたことは地域をどうつくるかという問題で、まさに地域経営に部署部署で取り組んでいました。地域全体をうまく経営していくんだという大きな動きのなかの歯車として、地域が元気になる方向へ一生懸命回してきたのが自分の仕事だったんだということからすると、図書館はそれができているのかという疑問を思った。図書館にきてみたら、どこともつながらずに自分はよくてやっているみたいな感じ、まさにつながらずに孤立してやっている感じ。そうじゃないだろう、図書館が図書館たるには、役所でも地域でも必要とされていかなければならない、そうでなければ図書館は生き残っていけないのだとすると、地域経営をしようとしている市民や企業と一緒にタッグを組める施設になっていかなければだめです。あなたの図書館はそれができていますか、というのが、僕が思っているところです。

ほかでもお話ししたことがあるのですが、鳥取県立図書館の元館長の齋藤明彦さんの講演会を聞きにいったら、九十分間、一度も「利用者」という言葉を使わずに「県民」で通していたんです。途中で気がついて、びっくりして背筋が本当にゾクゾクとして鳥肌が立ったんです。私の図書館はこうありたい、こうあるべき、なぜならば住民のために、というフレーズで一時間話ができますか？ということなんです。どこかでいつか利用者のためにという言葉に変わってはいませんか？という質問です。やはり、地域のために私の図書館は頑張るんだという軸をなんとかつくりたいと思います。僕もこうあればいいというものをもっているわけではないので、毎日考えているんですけど、そういう努力をする図書館が増えていくことで、日本中にうちの図書館はいいと言ってもらえるような図書館が増えていくのではないかな、みたいなことを思っています。最後は実行するしかないので、それを発信してほしいというのが僕が思っているところです。

淺野　打ち合わせたわけではないのに、伊東さんに言いたいことを全部言われてしまい、いまどうしようかなあと思っていたんですが、まあ図書館だけがよくなることってないんですよ。みんな、図書館をよくしようと考えてらっしゃると思うんですけど。やっぱり街がよくなったりとか、人がいろいろ助けられたりということのなかで反射的によくなるしかないかなと思うので、本を発射台にして考えるのではなくて、人を発射台に、普通の人を発射台にして考えるべきだとは思います。それで、図らずも今回異動なりできてしまった方々にはですね、まずリラックスして、あまり難しく考えずに、そして、だけど自分が市役所や県庁にいたときのことを思い出す、あるいはこれからまた市役所に戻るときに、図書館はどういうものだったらいいかなあということを思っていただいて、その感覚を信じてそのとおりに進んでいってほしいと思います。

それから付け足しですけど、予算の話をしましたが、予算がつくというタイミングは結構思わぬときにきたりすることもあります。例えば今回の電子図書館の導入館が百以上増える予定ですが、電子化することで感染リスクがないということが見直されたり、それから補正予算ですよね、そのお金を使って電子図書館を導入するというところがあると聞いているので、こんなふうにいつか必ずお金なり人なりのチャンスはくると思いますので、常にそういう波がきたらこうしてやろうああしてやろうということは考えておいたほうがいいかなと。それが行政職員、特に役職者の仕事ではないか思います。

山崎　お二人にほとんどまとめていただいていると思いますので、私からは一つだけ話して終わりたいと思います。私が常に考えているのは視点を多様にもつということです。今日のサブテーマにもなっていますが、やっぱり図書館のなかでの視点だけだと、課題を見つけられなくなってしまう。ときには館長の立場、ときには利用者の立場、住民の立場での視点、あるいは全く関係ない図書館とは縁がない人の視点、というのを常にたくさんもって、図書館を普段から見ていけば、いろいろ気づいてくると思います。そこに気づけるかどうかで、次に向かえるかどうかが決まります。先ほど浅野さんが言ったように、準備は普段からしていなければ間に合いません。そのことをずっと思って仕事を続けてきました。

時間になりましたので、これで終わりたいと思います。何かをここで得ていただければ、このセミナーの主催者として幸いです。お二人のパネラーの方々、また視聴しているみなさん、ありがとうございました。

参考文献

図書館サービス向上委員会「図書館サービス向上委員会の情報公開サイトりぶしる」(https://libinfo.fjas.fujitsu.com/)［二〇二〇年十二月十日アクセス］（ＵＲＬは変更の予定）

第2章

「〝役所のひと〟が司書になって」拡大反省会

齋藤明彦［元鳥取県立図書館長］／
伊東直登［松本大学図書館長］／
淺野隆夫［札幌市中央図書館］／
山崎博樹［知的資源イニシアティブ代表理事］

図書館総合展で開催したセミナー「〝役所のひと〟が司書になって――さまざまな視点を生かした図書館づくり」の終了後、話し足りなかった部分を議論したり、話の内容を振り返ったりする場を設けることをりぶしる実行委員会として考えていました。その後、齋藤明彦さんと「Facebook」上で話し、同氏とセミナーのメンバー三人を加えての拡大反省会を非公開でおこないました。本章は、この拡大反省会を文章化したものです。

齋藤さんの図書館との関わりから始まり、図書館の機能の可視化、能力育成と話は広がっていきます。より強力となったメンバーでの座談をお読みください。

山崎博樹　お忙しいところ、お集りいただきましてありがとうございます。

図書館総合展のセミナーで登壇していただいた松本大学の伊東直登さん、札幌市中央図書館の淺野隆夫さんにも引き続き参加していただいています。さらに特別ゲストとして元鳥取県立図書館の齋藤明彦さんに登場していただきます。齋藤さんは前回のセミナーを視聴してくださったそうで、さらにご自身が「役所のひとが司書になって」にかぎりなく近い存在であることもあり、今日は最初にご自身の経験を話していただき、加えて前回のセミナーの感想もうかがいたいと思っています。

後半にこの四人で「行政職としての図書館」「つながり」「継続」「可視化」「図書館経営」などをキーワードとして、自由に議論していきたいのでよろしくお願いします。はじめに齋藤さんからお願いします。

私の図書館との関わり

齋藤明彦　私は、行政職として最初のころに財政を十年やって、のちに教育委員会の総務課長をやってから図書館長になりました。予算的なことだとか組織定数のことだとかというのは、ある意味裏の裏まで知っています。それをベースにしながらどうやったら図書館にとって有利な情勢がつくれるかを、図書館のためというとちょっと言いすぎかもしれないけれどもやってみました。図書館を発見したから、その発見した図書館を将来に向けて本当に役に立てて生き残らせるためにだったら、相当えぐい業を使ってもいいというところからスタートしています。

それからたぶんみなさんといちばん違う点は、私は一年しか勤務できない可能性が高いという状況でスタートしたこと。一年でなんとか変えていかなければいけないという、お尻に火がついた状態でのスタートでした。

この間のセミナーをみてまず思ったのは、「あるある」だとか「そりゃそうだ」とか、やたらに共感するところが多かったというのが一つ。もう一つは全く逆に「僕のころにはこういう場はなかった」ということ。自分で考えて自分で動かないと、誰もこういう場を作ってくれるわけでもないし、自分が一人で勉強できるわけでもない。それに、さっき言ったように一年しかいられないと思っていたから、

自分がどっかに行って勉強することよりも、司書がよそに出かけていって力量を蓄えてほしいということを優先していたので、自分が視察や研修にいく機会というのはあまりありませんでした。当時こういった形で話をする仲間がいれば、また違うやり方をしていたかもと思ってみていました。

ただ、自分がやったこと自体が失敗だったとは思っていませんので、とりあえずいまのところ、私なりに当時は自分で一生懸命考えてやったんだなあというのを、みなさんのお話を聞いていて感じたところです。

本当に共感するところが多かったです。行政の人間が図書館と全然関係ないところから入ってこられて、やっぱりこういうふうに感じるんだとか、あるいは何かをやって結果を残しているようなところはこういう考え方がやっぱりベースにあったんだ、というようなことを感じながら一時間半ずっと聞かせてもらいました。

みなさんが言ったことをメモしていましたが、山崎さんは「視点を多様にもつ」ということを、伊東さんは「機能をつなぐ、人と情報をつなぐ」ということを、淺野さんが「常識のカバーを外す」ということを言われたんです。

最初に、音楽で言えばそれぞれの主題が提示されて、あとは質問に応じてその変奏曲が出てくるみたいな感じで僕は聞いていました。ベースはこの三つで、三人が三様に言っていることが共通した基本的な流れの底にあり、それが絡まり合いながらいろんなところで噴き出してくるという感じで受け止めていましたから、非常に面白かったです。

自分のことを言うと、私はある日突然に図書館長という話だったんで、それを全く想定していませんでした。伊東さんも浅野さんもそういうところがあったかもしれないし、浅野さんは多少の期間があったのでそうでもないのかもしれません。ただし、私は図書館にいきたいと若いときにわりと言っていたんです。財政課のときにはしんどいもんだからなんとか図書館にいかせてくれと、夜中に隣の人事課に人事異動希望を何回か持っていったのですが、向こうに鼻で笑われていました。それからずいぶんたって、本当に図書館にいかせてもらえると聞いたときはかなりびっくりしました。そのとき最初に思ったのは、図書館長でいきたいわけでなく、図書館員でいきたかったということです。

これは言っておいたほうがいいと思いますが、私が総務課長のときに片山善博知事が、図書館に二発パンチを食らわしています。

一つは休館日を大幅になくしたことです。「月曜休みと祝祭日休みをなくして月に一回だけの休館にしてください。そのかわり人的なカバーはちゃんとするから」と言って。私のほうから何人ほしいか、多くてもいいから出しなさいと言って進めました。館長になってなかに入ってみると、みんなで話し合いをする時間がなくなったということが、図書館にとってはすごく重たかったというのがわかりました。

もう一つは、県立図書館の本がなくなった事件がありました。一年単位ではたいした数ではないのですが、それを毎年報告・処理するという作業をやっていなかったので、結局隠しているととられてしまいました。それについて図書館と私でいろんな協議をやっている最中に図書館がもたついてしまい、返事の遅さに片山知事がプチッと切れて、記者会見のなかで「図書館の本がなくなっている、詳しいことは図書館で聞いてくれ」みたいなことを言った。そのため図書館に記者が集まり、一斉に報道され、三カ月ぐらい常任委員会で生涯学習課長がボコボコにやられるということが、館長就任の直前にあったことをまずご理解ください。

それと、私は就任時四十六歳でしたが、前任の図書館長が五十八歳なんです。それで自分よりも年上の職員が山ほどいるところにいくことになりました。それまでは最後の仕事に館長をやりそれで退職というポストに、何か知らないけど若いやつが突然乗り込んでくるという感じで、当時の図書館はかなり戦々恐々、何をされるかわからないというそんな雰囲気だったそうです。

図書館に赴任したときに思ったことですが、まず私は図書館のユーザーじゃないということ。子どもの本を借りにいくときだけというか、自分の本は買うもんだと思っていました。大学のときも、あまりこれは言ってはいけないのですが、図書館のカードを作ったことがありません。県立図書館にいってみたらびっくりするわけですよね。「ここは宝の山じゃあ」みたいに思いました。専門的な本も含めて情報量がすごく多い。それにある程度訓練された司書もいるのを見て、図書館は僕にあまり関係ないところという、それまでの見方が変わってしまったのです。「これは使わなければ損だ」。しかし図書費一億円もらってさらに人だってついているわけだから、このままにしていたら絶対に財政課は目をつけると思いました。

四月に一回しか休館日がないので、みんなバタバタ作業や会議をしている最中、一時間だけ時間をもらって、私がもっていた図書館のイメージと、「図書館は宝の山だ、でもこのままでいったら絶対やられる、だから一緒にいろんなことを考えて状況を変えていきましょう」みたいなことを話しました。それでどこまで反応してくれたかというのはわからないけれども、そこからスタートしていくしかなかった。なんとか一年間で効率的に実行していきたい。でも無理やりやって「一将功成りて万骨枯る」ということにはしたくない。行政の職員はよくやるんですが、手柄を立てるという言葉で言いますけれども、無理やりプロジェクトを進めて成功させたみたいな感じにして、でもそのトップがいなくなるといつのまにかそれが消えてしまうというようなことにはしたくない。

どうすれば定着するか、それは中だけの話ではなくて図書館の外の話も含めてです。この前のセミナーで「つなげる」という言葉やコミュニケーションの話もあって思ったのは、図書館を利用すれば絶対得になるということをどうやっていままで利用していない人たちに伝えるか。例えば商工関係者は図書館なんか関係ないと思っていました。もう図書館は趣味人が行くところ、みたいな雰囲気です。社会を動かしていて発言力が強い人が、私が思っているような宝の山だというイメージを図書館に対してもってくれていないという状況をどうやって変えていくか。無理やり自分の人脈だけで人を引っ張ってきて一緒に事業をやりましょうと言っても、僕がいなくなったらもうそれでたぶんその事業はなくなってしまうんです。その人たちに、「ああやっぱり図書館と一緒にやると俺たちの組織にこんなメリットがあるんだ」ということを叩き込むことが重要です。それが組織的に向こうのほうに浸透していけば、私が代わろうが向こうのトップが代わろうが、自分たちのために図書館を使うんだという意識は変わらない。それをどうやって作っていくかが大きな課題だったと思います。

そのころ、ビジネス支援という言葉ができたころだったかと思うんですが、私はその言葉を知る前に、暮らしや仕事に役に立つ図書館になりたいという感じで話していたんです。

ただ図書館長になっていろいろ聞いた話は、千葉の浦安だとか大都市周辺の図書館が図書館活用にやる気がある人たちのグループ化を図ったら、ちゃんとその人たちが図書館を使った独自の活動をやってくれるみたいな成功事例です。そんなもの鳥取でできるわけがないと思いました。それで、どうやってタイアップ先を捕まえてくるか、どうやってタイアップ先に図書館はプラスになる大きなシステムなんだということを理解させられるかが大事なことだと思ったわけです。対象は商工団体や機関とか、大学もそうです。大学も県立図書館に対して注目していなかったんです。

その年は県立学校の図書館に常勤司書が入り始めた年でした。もちろん県立学校の司書は僕の部下ではありません。しかし前職で高等学校課の補佐とか教育委員会総務課長をしていたので、高等学校課に話を通して、辞令交付が終わったら学校司書を館長室に呼びました。いまは応援できないが一年後には必ず市町村の図書館と同じだけのサポートをするから、それまでなんとか頑張ってくれるよう話しました。その後、高校に司書訪問という名目で出かける。私が行くと、それまでの関係がいろいろあるので校長や事務長も司書と一緒に話を聞いてくれました。学校図書館は大切で、常勤にした最初の学校は後続のためにも頑張らなければいけないといった話をしました。反応してくれる学校も出てきました。

県立図書館がもっている材料をどうやったらもっと大きく膨らませることができるか、もっといろんなところに効果を広げられるか。それから行政や議会に対して、図書館がもっている能力と実際にやって出てきた成果だとかをどうやって刷り込むか。それをやっていく流れのなかで、これを将来も伸ばして定着させるには長期計画が必要だと思いました。当時は片山さんの指示で長期計画は作ってはいけないということになっていたのですが、財政課をだましてというのも変ですが、長期計画を準備をしたりとか、いろいろしました。

でもそのときに、自分がそれまであれはいやだったなあって思っていた仕事のいろんな経験だとか人脈が使えたのです。図書館でこれをやるためにいままで自分は苦労してきたんだなという実感をもったものです。だから図書館にいって仕事をするのに苦痛はなく、日曜の夜がしんどいとか思ったことも全くなくて、月曜の朝を気持ちよく迎えられるという感じでした。

そのこともあって話は少し戻りますが、この間お二人の館長の話と山崎さんの話を聞いていて、ホントにそうだよねだとか、俺もそう思ってやったことがあるみたいなことをいろいろ感じたのです。こういうような内容を行政職の館長には聞いてもらいたいし、行政職で入った人たちに自分たちがどういう場面で活躍できるのかなとか、図書館に対してどういうスタンスで入ると自分がもっと図書館で頑張ってみようという気持ちになるのかとか。やりがいですよね、そうなってくるとやりがいと使える力をもって図書館で仕事をできるということにつなげていくことができるのではないかと思います。

それをいちばん感じたのは私が館長を辞めたあと、茨城で全国図書館大会があってそこでいろんな話をした際に、参加していた複数の館長から「自分も図書館の改革をやろうと思ったこともあるけども、失敗してうまくいかなかった」という話を聞いたときです。時代も状況も変わっているけれども、こうやって伊東さんや淺野さんのように、それぞれがもっていた経験だとか地域への思いだとかを生かしながら、きちんと成果を上げている図書館長があるんだということをもっと広く知ってもらうべきだと思いました。

山崎　ありがとうございました。いまの話を聞いて、この間の話と今日の話がつながる部分があったと思いますが、伊東さんと淺野さんもさらに聞いてみたいところがあればお願いします。

伊東直登　最初のところで、力業とか裏業とか何かそういうあまり人には言えないようなことをやったと話されていましたが、財政相手とか企画相手とかで普通にあるんですよね。

齋藤　ただやる内容がかなりえげつないのでね、いろいろと。

伊東　図書館ってそういう意味、なんか平和なところみたいな感じがありますね。荒波がないままでいると、なんとなく平和な島でいられるみたいな。実はそんなわけにはいかないんですが。

図書館の可視化

齋藤　伊東さんがこの間セミナーで私のことを話されて、「利用者」ではなくてずっと「県民」という言葉を使っていたということを紹介していただきましたが、たぶんそのあたりも一つあると思うんです。自分たちの活動というのはやっぱり図書館にこられる方、当時オンラインなどない時代だから、直接来館する方とせいぜい市町村で県立の本を受け取ってくれる人ぐらいまでのところが守備範囲で、そういった人たちが喜んでくれると私たちはいい仕事をしているという、なんというか安心してしまうというところがあったんだと思うんです。いまもそんな感覚がまだあると思うんです。

でも鳥取県立図書館で考えてみると、一年間で三十万人くらいの入館者数だけど実質的に来ているのはたぶん六万人くらい。鳥取県の人口六十万ですから、六万の人間が来てもたかだか一〇パーセント。さらに、例えば司書を一般行政職に変えるとなったとき、反対してくれる人がそのなかにどれくらいいるか。レファレンスで司書の専門性に触れて「こういう人が必要なんだ」と言って応援してくれる人は一握りだろう。顔がつながっているからあの人を辞めさせないでというレベルだったらあるかもしれないけども、司書という職に対して、その人がいないと県立図書館は成り立たないんだという方向で応援してくれる人というのは、本当に一握りだったと思うんです。

二〇一一年に鳥取県立図書館長になった小林隆志さんが典型ですけども、司書に専門性をつけさせたかったんです。ビジネス支援では人のつながりやいろんなデータを自分で勉強していることも含めて、この人がいてすごくいいサービスでビジネスサポートをやってくれて、例えば起業しようとかあるいは何か仕事で行き詰まったときに、この人に相談すると本やデータベース、人のつながりも使って目いっぱいやってくれるんだというように、一人ひとりの司書に専門性みたいなものをもたせれば簡単に司書は切れない。それをやっていて効果があったなあと思ったのは、指定管理者制度の話が出てきたとき。ビジネス支援だとか大学支援だとかをすでに始めていたので、「こんなに早くいろんな改革ができるのは直営だからです」と言うことができた。本来は県の上のほうとは直接にではなく本当は生涯学習課や総務課を通して話さなければいけないんだけど、もうそれはめんどくさいから知事も含めて直接乗り込んでいってやってしまう。でもそれであっという間にいろんな事業が展開でき、効果も出る。指定管理では絶対できないです。

りぶしる事務局　鳥取県立図書館も指定管理者制度になりそうな話があったんですか？

齋藤　なりそうな話というのはたぶんなかったと思います。片山さん自身も図書館に対しては指定管理でないほうが、という気持ちはあったから。だけど議会から出てくる可能性はあるとは思いました。

一方、議会に対してもかなりアピールしていました。マスコミなどにも登場するようにもしました。それからビジネス支援の実績なども、できるだけ彼らに知ってもらえるような努力をしていました。指定管理にする施設としない施設のグループ分けが順次発表されましたが、図書館は最初の発表で直営に入れてもらえたんです。直営のよさを認めてくれたのだという感じがしています。

山崎　都道府県立図書館は指定管理にしにくいですが、議員のなかにやっぱりそういう提案をしてくる人もいます。私も経験がありますが、実際に様々な事業をしていれば、最後には納得してくれます。何もしていないと抵抗しようがないんです。指定管理者制度のほうが優れていると言われてしまいます。

齋藤　自分が館長になって最初に思っていたのは、自分の図書館をどうやって鳥取県のために有効なシステムにし、それをもっと認めてもらって、みんながそれを守ってくれるような流れをつくっていくかということです。でも途中から、鳥取県立図書館だけがやっていてもだめだと思うようになりました。日本の図書館のイメージはそれまで、どっちかというとおじいちゃんが行くところだとか子どもが本を借りにいくところだとか、そういうようなイメージでした。そうではなくて、図書館はほんとに暮らしや仕事などに役に立つ必要なシステムなんだという認識をしてもらいたいです。そうでなければ生き残れないだろうという感じをもっていました。伊東さんのところや淺野さんの図書館はそれを具現化されているという意味で、横から見て拍手しているわけです。

伊東　先ほどの実際の利用が人口六十万人の一〇パーセントみたいな話というのはどこでもありますね。目標はみんなの図書館になりたいわけですから、まだ何倍もあるわけですよね。その道、とても遠くて、富士山の頂上を眺めながら一合目に向かっていま一歩踏み出したところみたいな感じをもっています。その程度しかやれていないと思っているんです。庁内外で、それなりによくなったと評価されるのはやはりありがたいですが、図書館のイメージがそれほどに低いんだろうなとも思います。だから少しやるといい評価がもらえる。それを励みにずっとやってきましたが、そんなモヤモヤする部分もあります。やらなければいけない「伸びしろ」がたくさんあって。まあ一歩一歩いくしかないんですけど。

山崎　図書館機能の可視化の問題になるかと思います。図書館がもっているよさを十分に表現できていないということです。

伊東　それは気をつけるように意識するようにしていますね、やっぱり。

齋藤　県立と市立でちょっと違うと思うのですが、高等学校の話をちょっと出しましたけども、僕が館長になる前は学校図書館への積極的支援というのはほぼありませんでした。本も送っていなかったし、訪問もしていないしみたいな感じで。前任者からの引き継ぎでは基本的にはそういう方向でやろうという機運はありませんでした。

一方、特に鳥取県の場合は鳥取市が東側に偏っているので、西のほうの米子市だとか真ん中あたりの倉吉市の子どもたちは県立図書館にきたこともない、見たこともないんですよ。

で実際、「県立図書館が資料費一億円ももっているのだったら、三等分して各市立図書館に配分すればいいんだ」というような意見がくるんです。そんなことをいつまでも言われているのか。議員の数は中部と西部の合計のほうが多いわけです。だから高校支援するというのもいろんな意味をもち、狙う効果も多重です。県立図書館はあなたたちのところにも直接サービスしていますよというのを見てもらうことができます。

ただ館長になったとき、県立図書館はYA(ヤングアダルト)向きの本というのを基本的にもっていなかったんです。そこで予算を新たに確保し、各学校に二十五冊×二十セットで五百冊、だいたい本棚が一本いっぱいになるくらい大量に買い込みました。

僕が毎月と言ったら多すぎると言われて、一学期に一回の交換なんですけども、学校図書館からリクエストがあったセットを送る。すると「県立図書館から送ってきた」真新しい本が学校図書館に本棚一本分常にある。

そしてとにかく毎日本を宅急便で発送する。午前中にリクエストしてくれたら翌日の午後には届くという、それぐらいでないと、学校の先生は授業のために本を使ってくれないんです。それは僕が教員の息子だからよくわかります。だからこそ、教員が県立図書館ってこんなに便利なんだということを理解してくれて、本気で生徒に利用を勧めてくれる。県立図書館からサポートした本が学校図書館にどんどん出ていき、県立図書館の本を借りられるシステムを司書が使って「どんな本でも県立から借りてあげるからね」と言ってくれるというようなことを中西部の高校がそれぞれやってくれれば、「県立図書館なんか、おれ知らねーよ」というのではなくて「そういえば県立図書館ってこういうことで自分たちのことをサポートしてくれたんだ」とわかる生徒になってくれると思いました。いま私は市町村の職員研修で二時間ぐらい時間をもらって話をしていますが、そのなかで必ず図書館を使ってくださいと言います。楽するためにも、いい仕事をするためには図書館を使ったほうが絶対いい。で、これ結構反応があります。私がしゃべる相手というのは全市町村の新規採用職員。それを何年もやっているから、そのうちその層がだんだん影響力がある立場に上がってくるのではないかと期待しています。

伊東　この間の淺野さんの話ですね。

齋藤　そうです。だからずーっとそういうのを続けて、自分のときでは成果がわからないかもしれないけれども、次の次の代になったら効果が出そうなことを地道に積み重ねていくというのも大事なのかなと思います。そういう見方で仕事ができるというのが、行政からきた人間の面白さだと感じもします。

山崎　いままでの話を聞いて、淺野さんは何かありますか？

淺野隆夫　齋藤さんのお話、いやもう共感しすぎて。私もいろんなアプローチをしましたね。新図書館の予算査定で、財源に収めるためにはどうしたらいいかとなり、いろんな工夫をして財政課に提案したりしました。

図書館の人は、やっぱり予算のことがピンとこないので、僕は資料費推移のグラフを出して、このままいくと五年後十年後どうなるんだろうね、大丈夫かなとか、話したりしながらいろいろとみんなで考えました。

今後、図書館の人のために、齋藤さんのようなマインドや工夫を文章化、見える化して伝えていく。実際にこういうことをして、そういうところに到達した人が実際にいるんだということを残すのがいいかなと思います。

やっぱり、図書館の人があの手この手で図書館の存在感を上げていく取り組みというのは大事なんですよね。

伊東　庁内にしっかりとアピールできるということと、それからもう一つは、齋藤さんの話で言うならば鳥取県を相手にするような仕組みづくりをきちんと両輪でしていくのが大事。

齋藤　極端な例ですが、以前講演にいったとき、ある図書館長から「資料費ゼロにしてくれって言われたけど、どうしたらいいでしょうか」と聞かれたことがあります。

伊東　やはり図書館をどうみるかの話だろうと思うんです。

齋藤　その館長には、「それは財政が無理言っているとは思うけれど図書館がいままでどういう形でアピールしてきたかを一回振り返っておこう」と言いました。すごい単純な例で言うと、「あなたに先月小説五冊買ってあげたから今月はなしにしてくれ」って言われたら仕方がないと思う人が多いだろうと思うんです。でも、「先月新聞を五紙買ってあげたから今月はゼロにしてくれ」と言われたらアホかって言うと思うんですよね。つまり、普段図書館がどう見られているかです。

図書館にある本は小説だと思われているのか、日々必要な情報を提供してくれる新聞としても理解されているのかということです。財政には基本的にあまり理解力がない職員は行かないと思っているので、アピールの仕方を間違えているか、できていないかだと思います。

山崎　現役時代に、自館の統計などの定期刊行物の年間資料費総額を調べたら一千万円ほどありました。その部分を購入できないと、それ以前に収集した資料も使えなくなってしまいます。

齋藤　財政だとか議会の人たちがもつ図書館の資料のイメージが娯楽としての小説になってしまうというのが怖かったんです。図書館が住民に趣味的なものだと思われていると、どこから弾が飛んでくるかわからないです。図書館は暮らしや生活、仕事などに本当に必要な情報システムだと理解されないかぎり、いまみたいなとんでもない話が起こりうるということです。

淺野　本はやはり豊かなコンテンツです。ビジネスアイデアの本でも発想法の本としても読めるし、いろいろと使えます。

図書館のターゲットと図書館員の能力

山崎　先ほど出ましたが、可視化というのが大事ですね。それは本だけでなく人や資産も含めて様々なサービスにも言えますが、図書館ではあまりじょうずとは言えません。その理由はあると思いますが。

淺野　「本始まりでなく人始まり」にしてほしい。「どんな人がこの棚の前に立つんだろう」ということを考えてから、何を提供するかを考えることが必要です。

山崎　その際にターゲットセグメンテーションを考えましたか？

淺野　考えないとあの情報館の棚はできません。仮に札幌でその本に関連する仕事がないならば、その棚の価値は低いものになります。図書館は基本、森羅万象を扱うのですが、とある人が言うには「いつまで、地球全体を相手にしているんですか?」ってね(笑)。

山崎　確かに地域の住民を相手にしているんで、全人類を相手にしてはいません。自分の自治体のことをちゃんと分析して、地域ニーズを把握するというのが前提にあるのですね。

淺野　地域のニーズや課題については、そこの自治体から情報が出ているのではないですかね。

山崎　まあ普通に行政の職員であればそれがないと仕事にならないですから、それが前提にあるはずです。

りぶしる事務局　そうなら行政から図書館に(人材が)いったほうがいいのでしょうか。

山崎　もちろん行政から図書館にこられて活躍している人は大変多くいます。しかし必ずしもそれだけではありません。これからは図書館員がこのような能力をもたないといけないということです。

淺野　私はひそかに「前職を生かそうキャンペーン」というのをやっています。個人的に。

山崎　それは面白いですね。

淺野　税務からきた、福祉からきた、動物園からきたとかいろいろありますよね。直後であれば、まだ人のつながりはあります。前職を生かしてうまくランディングしてもらって、楽しく仕事するところから始める。

齋藤　すごくいいと思います。入りやすい。「図書館に入って、何もわかんないんだ僕」ではなく、淺野さんが言われるように、前職の立場から図書館に入ったとき「どんな使い方ができるか、どうやったらアピールできるか考えてごらん」というところから始めたら、それは面白いです。

山崎　紫波町図書館の前館長の工藤巧さんは前職が水道局で、そのスペシャリストなんです。水道事業は役場の産業部局のあらゆるところに関係があるため、その人脈を活用して、図書館は農業支援を進めていくことができました。どこから図書館の仕事につながるか、わからないものだと当時は思いました。もちろん工藤さんは図書館に関心が高く、その後、司書資格も取得されました。行政からみれば前の仕事のネットワークを図書館にきたら使うというのは、意識的に求めている点だと思います。

齋藤　それがアドバンテージだと思いますね。前職の経験に加えてその自治体の長期計画だとかそういったところをちゃんと読んでいて、そういう視点から図書館がみえるということもあります。だからそういうアドバンテージをちゃんと生かさないと、行政からきた意味がありません。

山崎　私が副館長になる前、館長として女性が就任したのですが、彼女はもともと県教育センターの主幹でした。教育長がなぜ彼女を館長に抜擢したかというと、学校連携を進めるということを明確に打ち出したからだと思います。数年間で小・中学校図書館との連携は、市町村図書館も交えてかなり進みました。

次の館長もいまの館長も高校や高校教育課の経験者で、そのおかげで県内すべての県立学校を訪問することになりました。やはり人のネットワークが強いですね。司書だけで行っても校長が対応してくれるわけでもありませんから。先ほどの齋藤さんの話を聞いていて鳥取県もそうだったんだと思いました。ここらは成功パターンなのかもしれません。一方で、図書館にきてベテランの司書に抵抗されて何もできないまま退職になってしまったという、もったいない話を聞いたこともあります。

浅野　確かにそういう話も聞きますね。

齋藤　図書館長になって、これとこれをやりたかったんだけど職員から反対されて思ったことの半分もできない、と言われた人もいます。

山崎　そこには、コミュニケーションや意識共有を含めたやり方の問題がありますよね。無理やり実施しても館長がいなくなった瞬間に元に戻ってしまうことはあります。そうなると、何も残らない可能性があります。世代が変わっても受け継いでいくことが大切です。先ほどの話からすると、齋藤さんはこの点を意識されていたようです。

浅野　図書館勤めが充実していなかったという人たちでも共通して一つだけ言うことがあって、それは、「とっても勉強にはなった！」です。あそこにはあんな情報があるということがわかったわけだし、業務後にときどき本を借りたりとかしているので、図書館の使い方やいいところは理解しています。図書館では思うようにできなかったかもしれませんが、図書館のいい理解者になってくれるのは心のよりどころにはなっています。

山崎　私の場合、最初はみなさんと同じ立場ですが、その後二十五年間も図書館に勤務したことから逆の立場でもあるのです。そのとき大事なことだと考えたのは、行政からきた館長のネットワークを有効に活用するということでした。そのため、館長とも考えを共有するために十分な話し合いをした記憶があります。両者がそれぞれの強みを生かさなければ、図書館の事業の効果は出ないでしょう。ここにいらっしゃる三人はそれができたからこそ、図書館運営に成功されたのだと思います。

浅野 「図書館に異動になりました」と言うと、相手によってはがっかりしたような顔をしたんですね。どうしてでしょうね（笑）。だけど図書館だからできることもいっぱいあるわけです。

伊東 今後は、図書館にいくことが一つの価値になるような職場になっていくのではないでしょうか。そうなったとき、役所から図書館にいきたがるようにはなるんだろうと思います。一方で、図書館の人も役所にいきたいと思っています。図書館の司書が役所で二年でも三年でも学んでくる必要性もあると思います。図書館の世界しか知らないので視野が狭い、知識が足りない、というのがどうしてもある。役所の世界で考えられないですよね。民間も含め、何か経験している人はやっぱり面白いですね。本人は戸惑いながらも、違う色を出せるというのがあるのでしょう。

山崎 私の副館長時代に関係した人事では、本人の希望も踏まえ、館長からも相談を受けて三年間という約束で優秀な司書を教育委員会に転勤にしてもらったことはありました。県立図書館なので市町村図書館に派遣ということも提案してみました。私自身が国立国会図書館に二年間出向した際に、刺激にもなりましたし人脈も増えたという経験があるからです。

伊東 同じ場所にいると煮詰まってしまうということはありますね。私は一カ所に三年いるとどうしても飽きるんですね。

全員 それは早い（笑）。

山崎 齋藤さんも三年だったんですよね。

齋藤 私はずっといたかったんです。でも一年目で変えられる可能性って僕の時代はもう当たり前だったんです。二年目から三年目になるときに「やばいなー」と思っていろんな手練手管を使って。ある図書館学の先生にお願いして、知事宛てにいまの日本の図書館界にはぜひ必要だと手紙を書いてもらいました。

全員　（笑）

山崎　淺野さん、笑いすぎ。

齋藤　そうやって、まあ乗り越えて三年目なんですよ。三年目のときに、もう定年までやらせてくださいと言っていたら、きっちり二月の終わりに転勤があったんです。すごくがっかりしました。

山崎　でも、人を育てる仕事ができる職場に異動されたのですから。

齋藤　そういう意味で言うと、図書館と協力してじょうずに行政職員を育てて、図書館のファンにするということが研修所の所長になったためにできました。いろんなチャレンジをボコボコやるわけですよね。それは図書館をもっとじょうずに使うことによって、職員はもっと楽にいい仕事ができるということ、もう一つは図書館の職員にプレッシャーを与えたいということでした。そのために情報収集活用講座みたいなのを作りました。市町村と県から集まってきた人間が、丸二日かけてグループごとにある行政課題を決めてそれについて一生懸命調べる。的確な情報の必要性と調べ方をまず一日目の半分ぐらいで教えて、あとは様々なツールを使って一生懸命調べさせ、最後の半日で発表させることもしました。司書は調べ方を教え、調査中のアドバイスもする。そしてグループの発表で提示する様々な参考資料を超えて、司書がほかにもこういう参考になるものがありますよって出せるかという勝負をさせたかった。

当然テーマを設定するときには、そのグループのなかにそのテーマに精通している者がいる。そうすると中途半端な情報を司書が提示すると、「なーんだ図書館ってこんなもんか」と思われるわけです。それを乗り越えて、「これとこれとは知っていたけどこれは知らなかった、これはありがたい」と言って持って帰れるだけのものを司書が提示しないと負けという話です。

山崎　図書館業界のテーゼでは、「図書館員は利用者に育てられる」とされています。つまり、しっかりとしたレファレンスの依頼がなければ図書館員のレファレンス能力を育てることも難しいわけです。

齋藤　県庁内図書室を設置するときにお願いしたのは、三階以下のみんなが集まるところに場所を作ってくれ、それから本はいらないから雑誌などを中心に情報提供するというイメージで作ってくれ、職員定数は図書館で要求しても難しいので総務部総務課で要求してくれ。それがついたら図書館から最優秀な職員を出すから、という条件でした。

山崎　私みたいに県立図書館にいた者としては、それはずいぶんとうらやましいことでした。

齋藤　いまの館長は県庁内図書室にいった司書第一号なんです。司書を館長にしたかったんです。それまで教員と行政職しかなっていなかったから。将来的には、例えば行政職館長の次は司書職館長みたいな感じで、館長が交代交代になったほうがいろんな意味で前に進むだろうと思うからです。そして、総務課が管轄している県の幹部会にその司書も出席できるようになりました。通常は図書館長も出られない会議です。各部長と知事とが議論しているのを司書が端っこで聞けるわけです。

山崎　それは大変珍しいですね。県立図書館の館長は議会にも出席しませんし。ましてや部長と話すということはめったにありませんね。

伊東　齋藤さんは県民という言葉を使ってらっしゃるということで、前のセミナーでもそれをシンボルとして使ったんです。やはり経営なんですよね。行政というのは市町村であれ県であれ、地域経営なんです。その感覚というのは身についていなければいけない。だから図書館に場所を移したとしても、庁内にしても、発信する相手は県民ということになる。しかし図書館のなかにその発想が少なく、利用者のためという直近のものが図書館の仕事みたいなところがやっぱり伝統になっている。もちろん齋藤さんが特別な人という感じもしないわけではありませんが、やっぱり図書館のためを言うならば、図書館と役所が人事交流をして経営感覚を図書館のほうに持ち込み、図書館が地域経営の感覚を外に発信するみたいなことはやはりやっていかなければだめ、といま話を聞いていて思いました。

思いをつなげていくためには

山崎　この前のセミナーは評判がわりとよかったでんす。アンケートにも、つながりとか経営とか経歴を生かすなど、今日も話した言葉が書いてありました。参加者が考えていることにも大きな違いはありません。あのセミナーでは実際に現場を経験した三人が話したので、図書館研究者より近い感覚で納得して聞けたことがあるかもしれません。我々のような経験者がしたことや考えたことを可視化していろいろな人に伝える必要があるのかもしれません。

齋藤　以前、図書館研究者に講演してもらって、同じことを考えていると思いましたが、やはり同じ土俵で苦労している人がきちんと話すと司書も受け入れてくれているようでした。この間のセミナーを聞いていて、そんな感想をもったんです。

三人の方がしゃべっているのを聞いて、先ほども話しましたが、こういう仲間があるといいなと思ったしね。また行政出身の人にはできるだけこの話を聞いて、自分が図書館で働くことの意味をしっかり受け止めてほしいと感じました。

山崎 図書館業界全体で、様々なことを可視化する努力をさらにしなければならない。それには文章だけでなく場も必要だと思います。コミュニケーションのなかで考えていかなければならないことがあるわけです。今後も多少活動を続けていかなければやっぱり一回一回の話で終わってしまい、十分に伝わりません。

伊東 先ほど出た伸びしろ部分については、話していかなければいけないことがいくらでもあります。まして、毎年行政から新しい職員や館長たちがくるわけですし。

山崎 そうですね。それに対して、それぞれの力をお互いにじょうずに使いながら図書館経営をしなければならないということです。

鳥取県立図書館の場合は、齋藤さんの後任が野川聡さんだったということも大きかったですね。私も鳥取と秋田でお会いしましたが、野川さんと飲んでいるとき、教育長を呼んでしまうんです。びっくりしました。

齋藤 自分の後任がのちに副知事になる野川さんだったということは、私にとっても「自分の仕事が認められた、ありがとう」という気持ちになりました。あとは野川さんの考えで進めてくれていいと思いましたし、そう引き継ぎました。

伊東　継続って大事ですね。そのなかで仕組みができていけば簡単には崩れない。あるとき、鳥取の小林さんと一緒に対談でコメントしていたとき、ほかの方から大変いい事業の紹介があったんですが、彼が「継続できるんですか」と厳しく突っ込んでいました。今日の話を聞いて、やっぱりつながっていて半端ないな思いました。

齋藤　いろんなところとやりとりするときに、さっきの話ではありませんが、「頼んで来てもらうな」とよく言っていたんです。「継続できるかというのをベースにしろ」と職員には何回も話していました。一緒に事業をするとき、必ず館長室に連れてきてもらってしっかりと話してこっちの味方につけるみたいな感じです。

伊東　鳥取県立図書館に視察にいったのですが、説明がすべて市町村のため県民のためなんです。これをやると利用者が喜ぶみたいな話が全くない。ほかの図書館のスタンスと全然違ったんですね。だから齋藤さんの話を聞いたときも、やっぱりそれがあって継続しているんだと思いました。

都道府県立図書館について

山崎　県立図書館にとっては直接来館者だけでなく、市町村図書館と協力して全県民にサービスをおこなうことは当然のことです。それが不十分であれば二重行政と指摘されてしまいます。加えて、県立図書館でなければできない情報支援や保存をする役割もあるのですから。

伊東　それは、そうあってほしいです。

齋藤　県立図書館はある意味理解されていないですからね。僕は館長になった年に「一年間で成果を出すためには必要だ」と教育長に無理を言って、図書館情報大学に二カ月行ったんです。そのときに横浜市中央図書館と神奈川県立図書館を見て、これはやられるなって思いました。ほかにもそのあと講演の際にいくつかの図書館を見学してみて、ああはなりたくないと思ったこともありました。継続というか、システムとしての県立図書館というのを自館にはきちんとつくっておきたいと思ったんです。

山崎　この間、長野県で第二回都道府県立図書館サミットがあり、秋田県立図書館の市町村支援の状況を話しました。前回は鳥取県立図書館が紹介されていました。数年前まで私は自分がやっていた仕事は当たり前だと思っていたのですが、いろいろな人から「それは当たり前ではない」と聞かされて少し驚いたことを覚えています。

伊東　当たり前だったら呼ばれないですよ。

齋藤　各地に講演に言って聞かされることに、「都道府県立図書館は何でこうなんだ」という市町村立図書館や学校図書館からの恨み節があります。県立図書館の職員からは「自分の館長はどうしてこんななんだ」とやはり聞かされたり。

山崎　県立図書館が本気になれば入館者数を増やすのはそんなに難しいことではありませんが、来られるのは所在地の住民がほとんどです。市町村図書館とともにサービスをやらなければそれは県民への裏切りになってしまいます。また当時、県立図書館のなかの仕事は外部に理解しにくい面もあるので、可視化も同時に必要になっていると思います。もちろんこの点は、県立図書館だけではなくすべての図書館にも言えます。図書館の存在は、カウンターサービスがすべてのように捉えられてしまうことがあります。例えばレファレンス・サービスも、一部の住民の利用者のまた一部にしか使われていません。十七年前に国立国会図書館に「レファレンス協同データベース」を提言したのも、そういう背景を感じていたからです。

図書館職員の研修

淺野　齋藤さんの職員向けに図書館の使い方を研修したというお話、どういうふうになさったのか、すごく興味があります。またの機会に教えてください。図書館の人も苦心していると思うんです。役所の人に使ってほしい、例えば「予算要求のときに使えますよ」とか「議会からの質問にも使えますよ」というのは、結局、そんな話もあったよねというところで終わってしまう。自然に体が動いてしまうような、何かこうトレーニングがあったらいいな、それが新規採用職員研修のときでも、精神論だけではなくてテクニカルなことを踏まえたエクササイズをやらないとなかなかかけ声に終わってしまうのではないかと。そのあたりはまたあらためてご教示いただければと思います。

齋藤　研修のなかに入れるのには二パターンあって、一つは、いま淺野さんが言われたようなのはどちらかというとディープなパターンですね。まず方法論から始めて実際にやってみて、成果として自分たちで発表し、それに対して司書がアドバイスするのもあります。さらに、私が研修所長だったので行政・図書館利用両面からコメントしたりしました。

一方、図書館をほとんど使っていない人が結構多いという前提で、新規採用職員の最初の一週間の研修のなかで図書館を紹介するとか。こういう能力をもっているというのを紹介しながら、新採用の職員や管理職に読んでほしいような本を後ろに並べて、そこでカードを発行して貸し出しもするというふうに図書館につないだりしました。

さらに私が作りたかったのは、各課のなかに一人は、何か問題が出てきたとき「それだったら私ちょっと図書館に聞いてみます」と言ってくれる状態です。もう一つは、県庁内図書室を作っていますから、そこで調べ物をするような職員を育てていきたかった。

山崎　みなさん、長時間どうもありがとうございました。様々な示唆をいただけたと思います。まだまだ話したいことがあると思います。今後もこのような座談や語る場を作っていきたいと思っています。今後もよろしくお願いいたします。

コラム　公共図書館の生き残り戦略――図書館に新しい看板を掲げよう

山崎博樹

図書館は生き残れるだろうか

「資料費が減らされて、人がいなくなって」。最近、図書館の仲間内で話をすると、どうも暗い話しか聞こえてこない。これはべつに図書館界に限らずどこの業界でもそうなのだから、特別騒ぐほどのことではないのかもしれない。しかし図書館によっては、いまの不景気は致命的な意味合いをもつようだ。公立図書館の職員であれば、すぐには自分の解雇につながるわけではないから、比較的のんきに考えている人も多いが、私立大学や専門図書館に勤める方々には切迫した事情があるのだろう。今年（二〇〇一年）の六月に北日本地区の図書館大会で図書館のＩＴ化について話す機会があった。そのなかで専門機関との連携による図書館サービスについて触れたのだが、会の終了後に真っ先に話しにきたのは、専門図書館の人たちだった。「自分たちが言いたいことを話してくれた」そうで、少し興奮ぎみに話す彼女たちの勢いに多少押されながらも、図書館の役割と将来をもう一度しっかり考えなければならないと感じた。

いまの財政状況から考えると、公共図書館が自らの役割をより明確に示し、生き残っていかなければ、今後、十分な予算と優秀な人材を得られなくなることは間違いない。いままで、日本の公共図書館は貸し出しサービスを主なサービスとする戦略をとってきた。でもそれだけで、公共図書館がどこの町でも生き残っていけるのだろうか。私はなにも図書館が貸し出し冊数を増やしてはいけないなどと言っているのではない。実際に、秋田県の市町村図書館でも昨年と比べて、人口一人あたり全県平均で貸し出し冊数は〇・三冊の向上ができた。でも、何かそれだけではアピールする力が足りないような気がする。「貸し出し」という言葉にいろいろなサービスが込められているという気持ちも理解できないことはない。図書館に勤めてカウンターサービスを体験すれば、そのことの一部ではあるがわかるだろう。しかし、一般の住民や図書館に予算をつける力をもつ行政の人たちは、いまの公共図書館のサービスをどう思っているのだろうか。

秋田県立図書館では、図書館利用講座という試みを今年初めて開催した。図書館での資料の利用方法、ＩＴ端末の使い方、蔵書検索の仕方などを図書館員が講師になり、利用者に説明する内容である。参加者には、会の終了後に館内をゆっくりと見学していただいたのだが、彼らが最後に異口同音に言ったのは、「図書館って、カウンター以外にも仕事がたくさんあるのですね」という言葉だ。先日、昔お世話になった方が教育委員会に赴任してきたので、挨拶にいってきた。「県立図書館にこられますか」と聞くと、「忙しいので読書する暇がない」と話された。私が「図書館には教育委員会の仕事に役立つものがたくさんありますよ」と話すと、「図書館は小説を借りるところだと思っていたよ」。

図書館員にとっては当たり前のことだが、一般の人に図書館の本当の仕事を理解してもらうのは、つまりこのようにとても大変なことなのだ。

その打開策の一つとして、これからの図書館は、自分たちの仕事を図書館外の人に理解させるための看板を、新たにもつ必要があると私は考えている。これから、秋田県立図書館での看板のいくつかを紹介してみよう。

地域活性化サービス

秋田県立図書館では、二〇〇一年度の重点事項のなかで、新たなサービスに取り組むことを決めた。それは、これまでの公共図書館では比較的不十分だったと思われる地域ビジネスや地域コミュニティーへの情報支援を強化する、ということだ。図書館にはリクエスト制度というものがあるから、それで需要を十分に把握することができるという考えもある。しかしこれでは、最初から図書館に来館しない人、あるいは一度は来館しても自分の求めるものがなく、そのまま帰ってしまった人の需要は、どうやって把握するのだろうか。

そのような潜在需要の一つとして、自分の仕事やボランティア活動に役立てるための資料や情報があると考えられる。もちろんこれらを求める人々でも、公共図書館には小説や児童書が多数あり、借りることもできることは知っている。しかし、公共図書館を仕事に役立てよう、公共図書館の情報を起点として事業を始めようという人は、日本ではあまりいないのが実際のところである。つまり、このような人は、最初からいまの公共図書館に対してあきらめていると言うこともできる。しかし、地方分権とリスクの個人化が進むいまの社会では、個人として、様々な情報や知識が必要になると思う。このような潜在需要に図書館が応えていくためには、公共図書館のほうからの積極的なアプローチが必要になる。

当館が今年度から始めるこの事業は、半年前から少しずつリサーチをしながら準備をしてきたものだ。そのなかで最初に始めたのが、このようなサービスに対する図書館外の反応を知ることだった。行政の人や普通の勤め人は、マスコミはどう思うのだろうか。何人かに事業の内容を、少し遠慮ぎみに話してみた。しかし、それはなにも心配することではなかった。「なぜ、もっと早くこのような事業をしなかったのですか」「それはいつから始めるのですか」と、彼らは私が思っていた以上に大きな賛意を示してくれたのだ。

今年四月から、地域活性化サービスと称し、いくつかの試みを始めている。まず、図書館外の専門機関との連携、協力を図ったことが挙げられる。相互の機関の所蔵リストの交換や館内での紹介コーナーの設置を、今年中に実施する。先日、連携機関の一つである県産業支援機構を訪ねた。専門員による事業相談ブースやビジネス関係のビデオ、冊子資料が多数用意されていたが、多くの利用があるようにはみえなかった。さらに担当の職員に聞くと、白書や統計書などが数年で捨てられているそうだ。そこで、バックナンバーは、今後は県立図書館に寄贈していただくことにした。そのとき、同行した購入担当の職員が、「山崎さん、この間、県立図書館にリクエストされた資料がいくつかありますよ」と言うのである。「ああ、そうか。ここを紹介したらよかったんだ」。県立図書館と産業支援機構は距離にして八百メートルしか離れていないのだから、これまでどれほど相互に連携が図られていなかったのかを再認識させられた。また公共図書館の間口の広さを、今後はもっと生かす必要があることも考えさせられた出来事でもあった。

ほかに工業技術センター、NPO交流サロン、農業試験場など五つの専門機関とも同じように連携を図ることにしている。これらの機関の職員には専門資料選書でも協力をいただくことになっていて、普段はメールによる情報交換を通して、多方面にわたって連携を図る予定である。

二つ目にはビジネス関係の資料の収集の充実化を図るため、雑誌や一般資料の選定を見直したことだ。さらに、行政機関や地元企業に呼びかけて、各機関が発行する広報誌や統計書、パンフなどの収集も始めた。このような資料は、以前から収集はされていたのだが、図書館からの積極的なアプローチがおこなわれていたわけではなかった。そこで今年から定期的に、各機関にメールを使った資料寄贈の呼びかけをして、網羅的な収集を図ることにした。

地域ビジネスを支援していくためには、最新の情報が必要である。そのために来年度には有料データベースをいくつか導入し、ほかのデジタル化資源とあわせて提供したいと考えている。

今年中には、収集した資料と従来の所蔵資料、連携機関の所蔵リスト、データベースなどを組み合わせて、閲覧室内に地域活性化コーナーを設ける。このコーナーでは、文字どおり看板を掲げてサービスを提供していくつもりである。この地域活性化サービスについては、今年七月に刊行した進化する図書館の会編『進化する図書館へ』（ひつじ書房、二〇〇一年）で少し詳しく書いているので、興味がある方はお読みいただければ幸いである。

図書館とIT化

毎年、国立国会図書館で開催される電子図書館連絡会議に、公共図書館側の委員の一人として出席している。会議では、大学図書館や専門図書館が各省庁などから大きな予算を獲得し、様々なデータベースに情報を構築している様子が報告されている。しかし、それらが一般の国民からはあまり認知されていないと、会議に出席するたびに思わされる。それは、もしかしたら公共図書館がそれらの窓口として機能していないことが原因の一つではないだろうか。公共図書館の職員のなかには、電子図書館と自分たちは無関係だと考えている人も多い。しかし、資料の電子化は大きな図書館だけが実施すればいいものではない。例えば地域の独自資料を電子化したり、通常の図書館業務によって生産される情報を電子化したりすることが考えられる。これらは、規模の小さな図書館でも十分可能なことであり、必要なことでもある。

一九九八年度から二〇〇〇年度にかけて、秋田県立図書館は文部省（現・文部科学省）から社会教育施設情報化活性化事業の委嘱を受け、様々な地域資料のデジタル化を実施した。そのなかの事業の一つとして、地域の民話百十話を収集し、音声データとしてデジタル化した。現在、この事業は図書館ボランティアと民話ボランティア団体による「秋田の民話を電子化する会」が結成され、引き継がれている。やはりこのようなことは、その地域内でなければ収集することが難しいし、長期間にわたって継続していくためにはボランティアの力も必要である。公共図書館は、そのコーディネーターとして、地域の情報キーステーションとしての力を十分に備えている。

当館では三年前まで、レファレンスの経過や結果を紙に記載して保存していた。しかし、それが何十年にわたり、ロッカー一つ分の量にもなったため、時間をかけて調べ、記録されていた大切な情報資源があまり活用されていない状況になっていた。そこで、一九九九年度からそれ以後の結果をデータベースに登録し、活用を図ることにした。市販データベースのマクロ機能を使って、職員の卓上のパソコンから簡単に検索と登録を可能にしたものだが、今年の十二月にはインターネットで公開も予定している。全国の公共図書館で作成されているこのような貴重な付加価値情報をうまく集積し、総合的なデーターベースとして提供することができれば、それは図書館の活性化にとどまらず、日本の社会にとって大きなメリットをもたらすことになるだろう。

現在、当館では、各職員のデスクに一台ずつパソコンが用意されていて、様々なデータ化が容易になっていて、ウェブサイトの作成やデータベースの作成、プレゼンテーションソフトの活用などが、個々の職員の業務のなかで自然におこなわれるようになってきている。そういう意味では、図書館内の情報や生産物がやっと活用できる時代に到達したと言えるのかもしれない。最近はカウンターでのレファレンス業務にもインターネットが広く使われるようになり、職員も冊子体の資料とネットワーク資源を徐々にじょうずに使い分けるようになってきた。本来、コンピューターの活用は、このような状況で始まるのかもしれない。また当初は意図しなかったこととして、秋田県立図書館が、県内機関や団体が資料の電子化を実施する際のアドバイザー的な役割をするようになってきたことが挙げられる。県立図書館に求めるサービスも多様化してきたのだ。またそれが当館の新しい事業予算を獲得しやすくすることにもつながっている。そう考えると、公共図書館が地域のＩＴ化に一役買うことも、これからの公共図書館では必要なことになるのではないだろうか。

公共図書館とボランティア

図書館にボランティアを導入することに否定的な考えをする図書館人もいるかもしれない。しかし私は、図書館でボランティアを導入することは、社会教育機関の中核施設として、必要なことだと考えている。それはボランティアを図書館の人材として活用するということではなく、むしろ図書館員の仕事の一つとして、ボランティアの活動の場を提供するという考えからである。秋田県立図書館では、本の宅配、図書館見学、書架整理、図書館展示など様々な仕事にボランティアが活躍している。これらのことを実施するにあたっては、図書館側でも何回も研修を開催したし、ボランティア個々の研鑽も必要だった。その意味では、手間を省いたというよりは仕事を増やしてしまったことになるだろう。しかし研修を通して、講師になった職員の能力を向上させることができたし、何よりも図書館の役割をボランティアの方々が自己研鑽のなかで理解し、図書館の仕事を楽しんでいることを垣間見ることできたのは、図書館職員として幸せなことだった。

いま特に重視していることは、図書館のなかに情報ボランティアを育てていくことだ。すでに、昨年度（二〇〇〇年度）から図書館ボランティアに対して数回のコンピューター研修を実施し、ボランティアが自らウェブサイトを作成し、情報の発信を始めている。今後、ＩＴ講習会終了後のパソコンを閲覧室内で活用しようと考えているが、様々な年代の利用者に対して、様々な年代のボランティアがパソコンやインターネットによる情報検索の援助をしてほしいと考えている。

小・中学校との連携

秋田県立図書館の今年の事業のもう一つの柱として、小・中学校との連携を挙げたい。総合的な学習が来年度（二〇〇二年度）から小・中学校で開始されるためか、秋田県内の市町村図書館を回るとどこも小・中学生で大変にぎわっている。多数の利用があることはいいことなのだが、必ずしもすべてがいい状態で利用されているようには見受けられない。応対する図書館員の困惑げな表情をみると、これについては、公共図書館側からの積極的なアプローチが必要なのだと感じられる。図書館で子どもたちの様子をみていると、図書館にくる前に学校で何を教えたのか想像できることが多い。例えば、一つの小さなテーマに対して何十人もの生徒が同じ切り口で資料を利用することもある。また、レファレンス資料の使い方を知らないため、情報をうまく探せないことも多々ある。大人でもなかなかじょうずにできないのだから、難しいことなのだろう。しかし、このような学習は求める情報が出せればいいというものではない。情報を求める過程でいろいろなことを学び、体験させることが重要なのだ。

秋田県立図書館では、今年度から小・中学校向けの図書館活用マニュアルを作成している。現在、秋田県立図書館に長期研修にきている教員が中心になって作成を始めている。このマニュアルは教員用と児童・生徒用を別に作成する計画である。

この活用マニュアルには、児童・生徒が図書館にくる前から情報探索は始まっているという視点を盛り込むつもりである。地域の情報源やネットワーク資源、学校図書館での情報収集も必要だからだ。そのなかでも、公共図書館が有効な情報源の一つであるというスタンスで作成していきたいと考えている。いまは学校や子どもたちにアンケートを実施して、内容面での検討を開始したところだが、今後二年間にわたって、秋田県図書館協会とも協力しながら事業を進めていく予定である。子どもたちが様々な情報を比較し、自らの考えをまとめていくための一助になればと考えている。

図書館員の胸に看板を掲げよう

秋田県立図書館でのいくつかの戦略を紹介することができたが、必ずしもこれを読んだ方々全員にとって参考になるだろうとは思ってはいない。

今年の七月二日に東京電機大学で、ビジネス支援図書館のシンポジウムを開催した。各界の三百人近い方々の参加を得ることができた。参加者のアンケートによると、このような事業に対して、大方の人が賛意を示してくれたようだ。しかし、多少の反対の意見もあったことも確かだ。そのことは、シンポジウムに集まった人たちが健全だったことを意味すると考えることもできる。本来、事業や仕事を進めるうえで基本的な部分の構築は、他人に頼らず自らの考えと発想で組み立てていくことが肝心だ。「貸し出しを増やしたい」「図書館資料の電子化を図りたい」、それらの考えは、どちらも正しいということになる。しかし、図書館での取り組みについて考えるとき、公共図書館が社会にもたらす影響に対して、責任をもたなければならない。その点を踏まえて公共図書館は、その地域の実情と個々の目的によって、その時点での自らの戦略を決定する必要がある。いつの世でもどの地域でも成功する万能の戦略はありえないことは、歴史が証明している。

ビジネス支援図書館のシンポジウムのなかで、パネラーの一人である電気通信大学の竹内利明氏は、「図書館員は、名刺も満足に持っていない」と発言された。図書館員が名刺も持っていないのであれば、社会人としては当然失格ではあるが、もっと厳しく考えると、図書館員は、ただ名刺を渡すだけでは足りないだろう。自らのビジョンを相手に対して、いつでも語る準備が必要なのだ。

この文のサブテーマに「図書館に新しい看板を掲げよう」と書いたが、看板は、図書館員個々の胸にも掲げていなければならない。そしてそれは誰もが、同じ看板である必要はないのだ。

【補記】この文章は二〇〇一年に「LISN——Library & Information Science News」第百八号（キハラマーケティング室）に投稿したものです。二十年以上前のものなので、あらためて読むとずいぶん勝手なことを書いていると思いますが、本書は振り返りという目的もありますので、当時の原文のままキハラの協力を得て再掲しました。

第3章　ビジネス支援サービス事始め

竹内利明［ビジネス支援図書館推進協議会会長］／
山崎博樹［知的資源イニシアティブ代表理事］

竹内利明さんとは長年にわたってビジネス支援図書館推進協議会（以下、ＢＬ協議会と略記）の仕事を一緒に進めてきました。竹内さんは日本の図書館にビジネス支援を広めたという点でいちばんの功労者であり、ＢＬ協議会がここまで維持できたのも常に新しいことを求めながら、メンバーの意見もしっかり聞くという竹内さんの姿勢が多くの人々の協力や賛同を得られたからでしょう。今回の対談ではＢＬ協議会の歴史を振り返りながら、いまの図書館員に求められる姿を聞くことができました。

山崎博樹　今日はビジネス支援図書館推進協議会の竹内利明会長と、「ビジネス支援サービス事始め」と題して話していきます。

さて、図書館がビジネス支援サービスを始めた経緯を振り返ると、一九九九年に菅谷明子さんが「中央公論」（一九九九年八月号、中央公論新社）に書かれた「進化するニューヨーク公共図書館」の記事がきっかけになっています。そしてそれが、その後のビジネス支援図書館推進協議会の開設につながりました。当時、竹内さんは、日本の図書館をまだ多くはごらんになっていなかったでしょうが、図書館の最初の印象を話していただければと思います。

図書館の最初の印象

竹内利明　私は以前から神奈川県立川崎図書館を利用していました。あとからわかりましたが、川崎図書館はほかとは違う特殊な図書館ですが、当時はよく知りませんでした。

川崎図書館には、例えばトヨタ自動車の研究所の人たちが書いた論文などを掲載した「トヨタ技報」（トヨタ自動車工業）など、大手メーカーが発行した技術情報誌がありました。これらの資料は普通、一般の人の目に触れることはなかったのですが、川崎図書館では書架に並んでいたのが印象的でした。自動車技術のことで何か調べたいときに、図書館に行けば閲覧することができるというのがすごく新鮮でした。しかし、いちばん使ったのは実は研修用ビデオです。高価なビデオがそろっていて無料で貸してくれましたので、これで真剣に学びました。

私と本のそもそもの出合いは、小学校の学級担任が国語の先生で「小学生のあいだに読んでほしい百冊の本」というのを提示して学級文庫のように教室に置いてくれたことから始まります。そして、中学一年生の夏休みに、ツベルクリン反応で陽転したので激しい運動はだめと言われて家にこもっていたときに、近くの本屋で山岡荘八の『徳川家康』（講談社、一九五三―六七年）に出合い、

これを夏休み中に全部読み切りました。これが私の読書の魅力との最初の出合いになりました。本はそれからずっと読み続けています。母親が「本はいくら買ってきてもいい」と言ってくれて、本の領収書を渡すと小遣いとは別に本代を全額くれました。このような恵まれた環境で育ったので、本は買うものという意識が強くて、調べ物のために図書館に行きましたが、小説などを借りようとはしませんでした。最近はあまりないのですが、当時は古い図書館に

行くとカビの臭いがして、それがすごくいやで、本を借りる気になれませんでした。

その後、家を建て直すことになり、本を整理したら段ボール箱で四十数箱ありました。文庫本の小説類が多かったので、図書館に寄贈することを考えました。しかし当時、図書館は寄贈本で迷惑しているとか、寄贈本だけで図書館をつくろうとしたら同じ本ばかり集まって困ったという話を聞きました。図書館に持っていっても喜ばれないというのがわかりましたので、ネットの古本屋で処分しました。それ以降は小説類を買うのをやめようと思い、通勤途中の乗り換え駅である武蔵小杉にある川崎市立中原図書館にお世話になっています。

BL協議会の始まりと役割

山崎　恵まれた教育環境と両親の理解で本が好きになって、図書館の使い方も図書館司書からみて理想的に思えます。川崎図書館は、以前から日本では珍しくビジネス支援的な要素をもった図書館でした。このことは当時、一般にはあまり知られていなかったことです。日本の図書館ではまだ、ビジネス支援のビの字も語られていなかった時代です。その状況下でビジネス支援サービスを推進するために二〇〇〇年の十二月にBL協議会を立ち上げ、その翌年から、実際に活動を開始しました。竹内さんは、この会で最初から中心的な役割をされていて、もう二十年がたつわけです。BL協議会が日本の図書館界に影響したことはいろいろな面であるのかと思いますが、特に強く影響したと思うことがあれば教えてください。
竹内　そうですね、最初に二〇〇〇年十一月の図書館総合展で菅谷明子さんの「進化するニューヨーク公共図書館」という講演を聞きました。また、ひつじ書房の松本功さんに「講演が終わったら菅谷さんと引き合わせたいから」と言われてお会いしました。菅谷さんのお話を聞いてすぐに「あ、これは日本でも中小企業の情報支援という面で重要だ」と思いました。当時、経済産業省の研究会の委員をしていた関係で、若手のキャリア官僚にこの話を聞いてもらいたいと思いました。そこで、菅谷さんと一緒に経済産業省を訪問しました。それがＢＬ協議会スタートのきっかけの一つです。この年の暮れに常世田良さん（当時、浦安市立中央図書館長）と初めて出会います。常世田さんが御用納めの日に浦安市立図書館の仕事を終えてから、経済産業省まで来てくれました。そこで、常世田さんが「ビジネス支援をやりたいけれども、自分たちの力だけではできないから協力してほしい」ということをすごく熱く語ってくれ、私は「やるしかないな。どこまでできるかわからないけど応援しよう」という気持ちになりました。経済産業省の人も同じ気持ちになり、応援すると言ってくれました。

山崎　私もちょうどそのころ竹内さんとお会いしたんです。松本さんと一緒に会いにいった記憶がありますから。そのときは珍しいことだと思いました。当時、図書館員以外の人が、ビジネス支援という名前ではあるにしても、図書館の政策に関わってくれるというのは印象的でした。

ビジネスライブラリアン講習会

山崎　その後ＢＬ協議会として活動を続け、二〇〇四年からビジネスライブラリアン講習会を始めて、昨年度でもう二十回目になり五百人以上の人が受講しました。この影響についてはどう思われますか？

竹内　すごく大きいですよ。やはりこれがなかったら、ここまで活動が進まなかったと思います。

山崎　初めは静岡県でした。

竹内　ＢＬ協議会理事の豊田高広さんが静岡市立御幸町図書館の開館準備をしていて、「そこの職員の教育のための勉強会をやってほしい」という要望が寄せられました。二〇〇四年の七月に県立図書館を巻き込んで、会場も借りて開講しました。この講習会は最初のうちは私費で参加する人が多かったのですが、だんだん公費で参加する人が増えてきました。やはり継続が大事だと思います。

山崎　当時、ビジネス支援をおこなう図書館は十館もなかったと思いますけど、いまはかなりの館数、数百館でおこなわれています。やっぱりこれは講習の効果というのがいちばん大きいと思います。人づくりというのは時間がかかると思われますが、結局、この講習を続けたいちばんの理由は効果的だったということでしょうか。

竹内　確かに効果は大きかったと思います。教育は時間がかかるけれども、それをやらないと定着しません。ＢＬ協議会としても、根幹となるいちばん重要な事業だと思います。

山崎　この講習では多くの講師がボランティアとして参加していて、受講生からは講習参加料は三万円いただいていますが、ビジネス業界の人から内容から考えると金額を一桁間違えているとよく言われます。

竹内　そうですね、最初は特に私費での参加者が多かったから、高額の講習費というのはやはり無理です。また、公費でも難しいと思います。

山崎　当時は講習参加料も図書館で予算化されていない時代でしたので。ところがいまは、公費での参加者が八〇パーセント、九〇パーセントでびっくりしています。

竹内　みなさん、講師をやることで学び、講師自身が成長しています。

山崎　確かにこの講習会の特徴として、受講者がのちに講師役になるということがあります。鳥取県立図書館長の小林隆志さんもそうですし、広報関連の講師をお願いしている島津英昌さんもそうですけれど。

竹内　講師である都立中央図書館の余野桃子さんも受講しています。

山崎　これは大変珍しいのではないでしょうか。ほかの講習会ではあまりそういうことはないと思います。

竹内　それだけ新しい分野だということです。

山崎　悪く言えば、図書館の信者が増えてきたのですね。竹内さんも図書館の信者になってきたと思いますが、最近は図書館についてかなり詳しくなっていますので。

竹内　たくさんの図書館を見学しました。多くの図書館情報学の教員よりも見ていると思います。

BL協議会の活動

山崎　BL協議会ではロビイスト的な活動、広報活動、それからイベントなどを初期はかなりやった気がします。経済産業省に支援していただいて国際的なセミナーを開催し、二〇〇三年に内閣府がまとめた「骨太の方針」（日本政府がまとめる税財政や経済政策の基本方針の通称）にも図書館のビジネス支援サービスが掲載されました。これまでの図書館の政策で、「骨太」に載った初めてのケースかな、あまり聞いたことがありません。

竹内　ないでしょうね。「骨太の方針二〇〇三」に掲載されたのは大きいです。

山崎　これで誤解されてしまったこともあったのかもしれません。国が推進しているというイメージをもった図書館員も少なからずいる気もします。実際に推進している私たちのイメージでいくとボランティアチックに細々と始め、少しずつ周りの理解が追いついてきて、その途中で経済産業省、文部科学省も動いてくれたという印象です。

竹内　そうですね、「骨太の方針」が発表される前日の夜に文部科学省の担当者から電話がありまして、「ご存じでしょうが、明日発表される「骨太の方針」にビジネス支援図書館が掲載されます」と、「ついてはいままで文科省は静観する立場でしたが、「骨太」に載ったということで基本的には支援することを考えている」という。それまではあまり支援する意欲は感じられませんでしたが、そのあたりから潮目が変わった気がします。

山崎　「課題解決支援サービス」という言葉は造語ですが、慶應義塾大学の糸賀雅児先生がそう提唱されて広まりました。この言葉が生まれたきっかけになったのが、私はビジネス支援だと思うんです。当時、支援という言葉は障がい者や児童以外はあまり使っていませんでした。一般の人向けのサービスのなかで支援というものを初めて取り上げた。私も、ビジネスという言葉を自分が勤めている図書館で看板に掲げるのに当初は抵抗がありました。しかしいまは、講演などで図書館に訪問するたびにビジネス支援コーナーを見かけるようになり、大きな変化を感じています。

竹内　糸賀先生と出会ったのも松本さんの紹介で、初めて話したときに二時間くらいマシンガントークのようにいろんなことを質問されました。

山崎　糸賀先生は頭の回転が速いですから。

竹内　二時間くらい質問に答えて夕方になり疲れたころに「一緒に食事にいこう」という話になりました。食事に誘うということは私の話は合格点だったのだろうと思いました。話の内容が気に入らなければ食事の話などしないで「お疲れさま、さようなら」ということになります。もう少し話がしたいということで、「ある程度理解してもらえた」と思いました。

山崎　当時、日本の公立図書館が貸し出しサービスから脱却しようと模索していることもありました。何か別の新しいサービスをしなければいけない、と一部の図書館員も考え始めていた状況にあったと思います。背景として自治体の予算が縮小したこともあります。その状況にビジネス支援サービスはマッチングしたのでは、と私は考えています。最初はマスコミが図書館のビジネス支援図書館サービスに興味をもってくれて、図書館のほうがあとからそれに反応するようなイメージがありました。ただし、伝統的な図書館サービスを求める人たちからは、いろいろと反論されることがありました。

竹内　そのころは「図書館にビジネスなんて下品な」というか、「下賤なものを持ち込んだのはお前か」みたいな言い方をされたこともありますよ。

山崎　私もそう言われた記憶があるのですが。ビジネス＝汚いのイメージ。

竹内　人を介して聞いたので、そんなに気にしませんでした。「ああそうなんだ」と思いました。

山崎　竹内さんはそういうことを言われることに少し驚かれたかもしれません。図書館には一定のイメージがあって、従来のサービスを重視している図書館員からすれば、お金にまつわるサービス（もちろんビジネスはお金だけではありませんが）に図書館が関わるということについて、かなり抵抗感があったと思います。私は現場にいたので、多少はそういうことは感じました。

竹内　まあそうでしょうね。そこはよくわかりますよ。しかし「かすみ」を食べて生きているわけではないでしょう。

山崎　ビジネスという言葉を、ずっと、BL協議会のなかではあえて定義してきませんでした。人によってビジネス支援のイメージが大きく違いますから。自分が勤務していた図書館では、前向きな行為を支援するイメージ、障がい者支援とか高齢者支援は、どちらかというと最初足りないところを埋めていくというイメージをもっていて、ビジネス支援サービスは、社会で前向きに活動したいと思う人をサポートするイメージだとずっと考えてきました。竹内さんは、最初は起業支援をしたいと強く思われていたのでしょうか。

竹内　私自身は起業支援よりも中小企業支援に関心があります。そちらにもっていきたいのですが、これは現在の課題でもありますが、そのころの図書館のビジネス支援能力では既存の中小企業支援は難しかった。図書館が支援できるステージはだんだん上がっていきましたが、当時は既存の中小企業の経営者を支援できるだけの資料もなかったし、司書の教育もできていなかったので無理がありました。創業支援は、部分的に、例えば株式会社をつくる申請方法などは本を読んで学べばできますし、図書館との親和性があったので、結果として創業支援から始まりました。二〇〇九年度と一〇年度には図書館振興財団から助成金をいただきました。これもＢＬ協議会の活動にはすごく有効な支援だったと思います。

山崎　そうですね、私もプロポーザルに同行した記憶があります。

竹内　その後、二〇一五年三月に全国公立図書館協議会が課題解決サービスの調査報告書を出しました。これを読んで、個人的にはすごくモチベーションが上がりました。そのころ、大学の仕事が忙しかったこともあって関われる時間が限られてきたけれども、あの調査報告書をみて、私の知らないところで図書館界にこれだけ浸透していたということを知りました。手応えを感じたことによって、もう一度やる気が出ました。

山崎　ちょうどその前のあたりですか、全国図書館大会で分科会を連続して開きましたね。

竹内　二〇〇六年、〇八年の図書館大会、東京と神戸でやったときにビジネス支援を取り上げてもらえたことが、結構、効いていますね。

山崎　全国図書館大会は日本図書館協会が主催する包括的な図書館大会ですから、そこでの認知が広がってきたのかと思います。

竹内　そうですね、それは大きいと思います。

山崎　ＢＬ協議会としてもう一つ大きな事業としては、情報ナビゲーター交流会があります。

竹内　これは二〇一一年から始めていますが、ＢＬ協議会副理事長の小林隆志さんがすごく頑張ってくれています。これも続けることが重要です。

山崎　そうですね、普段は公立図書館のメンバーと専門図書館のメンバーというのはあまり接触することができません。東京にいる公立図書館員でしたら訪問もしやすいかと思いますが、特に地方の図書館員からすれば、直接お会いする機会はほとんどありません。この事業を通じて、相互に有効な関係が生まれたと思います。公立図書館がビジネス支援するには専門図書館と関係をもつことの意義は大きいです。

竹内　そうですね、それはすごく重要だと思います。私はビジネス支援に関わる前から、専門図書館を紹介した本を持っていました。その本を見て自動車図書館に行くと、一冊十万円以上する本に私の調べたかった自動車部品をどこの会社が作っているかが書いてありました。これは一冊十万円以上したので買うのはつらかったし、そういう本があることも知らなかったです。これは中小企業にとってはものすごく重要な情報だと思いました。

山崎　いま、機械振興会館図書室にいらっしゃる結城智里さんや、同会館の方々の協力を得たのも大きいと思いました。

竹内　そうですね、これも大きいですね。（機械振興協会の）副会長が経産省出身者だったので紹介してもらいました。いまもBL協議会を応援していただいています。

ビジネス支援サービスの課題

山崎　いま、日本で数百の公立図書館がなんらかの、ビジネス支援に取り組んでいますけど、まだ様々なレベルがあり、ビジネス支援図書館にどう取り組むかというのが、そのまま図書館のレベルにもつながっている面もあるでしょう。図書館全体のビジネス支援サービスに対する課題があれば教えてください。

竹内　そうですね、課題はさっき話したことにつながります。卵が先か鶏が先かということになりますが、図書館が実際にある程度のレベルでビジネス支援サービスを提供すると、そのサービスを役に立つと評価して利用するビジネスパーソンが出てきます。ビジネスパーソンの課題に応えているうちに図書館のビジネス支援能力が高くなるという、スパイラルアップの構造になります。図書館のビジネス支援のレベルが上がると、多くのビジネスパーソンが認知して使ってくれるようになります。このサイクルが重要です。図書館がビジネス支援サービスを提供しているといっても、利用者の役に立っていなければ続きません。

そこで、産業界の人に「図書館はビジネス支援サービスを提供しているから使ってください」と言うのですが、そのときに、その人が住んでいるエリアによっては安心して紹介できる図書館が限られています。例えば、一昨年大阪にいた大手家電メーカーの元役員で独立して会社をつくった人に聞かれたときに大阪府立中之島図書館を紹介しました。その人は「すごく役に立った」と言ってくれました。図書館は、提供するビジネス支援サービスを使いこなすビジネスパーソンがいると、相乗効果を発揮します。ビジネス支援サービスを提供する公立図書館は全国で五百館以上ありますが、本当に役に立つサービスを提供できている図書館はまだ限られています。そこがつらいところです。図書館のレベルを上げる必要がありますが、利用者も図書館のビジネス支援サービスを認知して、レファレンス・サービスを積極的に利用して図書館員を鍛えてもらいたい。これがないと伸びていかないだろうなと感じています。

山崎　同感です。

竹内　もう一つ、やはり司書課程の教育の現場で、まだビジネス支援サービスが十分に教育されていないのが問題です。BL協議会の理事にも大学教員はいますが、BL協議会に先に入って、あとから教員になった人がほとんどです。もちろんそういう人がやってくれるのは大事ですが、純粋に図書館情報学を研究してきた教員がビジネス支援サービスを司書課程の教育に取り入れてくれることが重要だと思います。そこがまだ十分にできていない。これがもう一つの課題だと思っています。

山崎　住民への図書館サービスの広報が不十分ということで、ビジネスライブラリアン講習会でも広報やマーケティングの講義を設けたりしていますが、私たち図書館員からみれば、利用者が司書を鍛えてくれるというのはテーゼであり、ニーズを感じられないと図書館員がなかなか努力できない。私が秋田県立図書館に勤務していたとき、県内の企業の社長向けに講演したことがあるのですが、いろんなサービスを紹介して、当然ビジネス支援の話もしたら、「入館料やサービス料金はいくらですか？」と聞かれました。次の日の朝、講演を聞いた社長たちが何人か図書館にきてくれたので少しは効果があったと思いますが、そのとき思ったのが図書館のサービスは本当に周知されていない、図書館界ではビジネス支援サービスはわりと広まってきましたが、外部の人、実際に利用してほしい人にはまだまだ声が届いていないことを痛感しました。

竹内さんが話された司書課程のことであれば、日本の大学の司書課程の多くは一人か二人の先生で受け持っていることが多いようです。様々な専門分野をもつ教員が複数いる大学との差が出てしまうのはあると思います。課題解決サービスもずいぶん普及してきているので、その一部としてビジネス支援サービスの指導や教育はあるのかなと思いますが、まだ不十分なのでしょう。
　この活動を始めて二十年、一瞬だったような気もします。竹内さんも私もお互い年も取りましたけれども、今後さらにどのような役割を果たしていかなければいけないか、今後の図書館の展望も含めてお考えをお話しください。

今後の図書館の展望

竹内　ＢＬ協議会の活動を続けていくことが図書館界にとって重要だと考えていて、それを担う人材にどう継承していくかということは普段から山崎さんとも話しています。企業でも同じですが、創立メンバーの活動に対する理解や愛着はやはり違うものがあり、創業者がいる下で二代目はなかなか育ちません。活動を続けていくことが大事で、この事業を支えてくれる人を探して育てていくことを地道に続けることが必要だと思います。
　また、これは我々だけでは成し遂げられないかもしれませんが、これから先、本当に発展させるためには、図書館法を改正してビジネス支援を図書館法のなかできちんと位置づけることに取り組まないと、最終的にはだめだと思っています。大きな話になりますが、できればそれを最後にやってバトンタッチしたい。法律で定められていれば、公務員はやります。我々世代はそれを最終目標にしたらいいと思います。

山崎　それは大変な目標ですね。図書館法にはそれに近い言葉は書かれていますが、具体的な明記はされていませんから。

竹内　地域振興とか地域の産業振興というような言葉になると思います。これを実現するのを目標の一つにそろそろ置かなければいけないと思います。そのためには、図書館情報学の教員の理解と協力が必須になります。そういう人たちに味方になってもらえるように、司書課程の教育の現場に対する貢献をこれからもっと考えていきたいと思います。

山崎　そこには政府の支援がものすごく重要ですね。

竹内　大きな話になりましたが、その前のステップとして、いまの図書館界に求められることは、前から言われていることですが、アウトリーチだと思います。図書館員はなかにこもる傾向が強い。なかの論理で考えるし、それでいいと考えている人のほうが多い。もちろんＢＬ協議会のメンバーには、そうではない人はたくさんいますが、一般的にはそういう人が多い。そこで言いたいのは、もっと外部の評価に対して貪欲になれ、ということです。ＢＬ協議会は一昨年度 Library of the Year のライブラリアンシップ賞を受賞しました。

私はレファレンス大賞にも関わってきましたが、もっともっと図書館員が外部評価に貪欲になってほしいと思います。予算がないとか、取れないとか言う前に、例えばレファレンス大賞の文部科学大臣賞を受賞しているとなれば、自治体の教育委員会のなかで、かなり大きな評価になると思います。そういうものに対して貪欲さがない。それがさっき言ったアウトリーチと関わってきます。

アウトリーチすると外部の人は、「図書館って何、図書館はなんの役に立つの」という目で見ます。これも外部の評価、外部の目にさらされることです。この究極がいま言った大臣表彰を目指すということになります。外部に評価されることによって役所内での自分たちの立場を上げていくのです。そういうことをしないで、予算があるとかないとか言ってもだめなのです。アンケートで利用者に評価されていますというけど、市民のなかでどれだけの利用者がいるのですか？　図書館を普段から利用している人の評価は高くて当然。利用していない市民はどう評価しているのか。なぜ図書館を利用していないのか。そこをもっと深掘りしてみる必要があります。貪欲さがないところが図書館らしいし、最初に図書館にビジネス支援を提案したときに、「ビジネスなんて」と言ったのと同じところに根っこがあるような気がしていて、これを変えていくのが当面の課題です。

山崎　過去に国立国会図書館でレファレンス協同データベース事業を準備していたときに、全国の図書館にアンケートをしたんですが、レファレンスの事例を公開するのが恥ずかしいということを書いた図書館員がかなり見受けられました。個人でレファレンス回答を恥ずかしいといっても、それは一応公的な存在である図書館が答えたものです。それがレファレンス大賞などに多少影響していると思うんですけれど。やっぱり外に何かを出していくのは図書館の本来の仕事だと思います。しかし、その際に自分のパフォーマンスや能力を示すことについては抵抗があります。そこが企業の感覚とずいぶん違うのでしょうか。

竹内　企業の場合はわかりやすくて、お客様に提供する商品とかサービスがお客様の信頼を得ているかという証しが売上とか利益に表れてきます。だから、売上とか利益は、お客様の商品やサービスに対する信頼度の評価で、これを向上させることに集中できる。それに比べて図書館の場合は、教育は百年の計だからそんな短期的な評価でみてはだめで、それこそブックスタートが大事ということもよくわかる。もちろんそのとおりだと思います。でも、長期的課題と同時に短期的に強化することにも取り組まないといけない。長期的な課題も評価が定まらないうちに方針が変わってしまう。びっくりするような低額の資料費の図書館があります。百年の計も何もないわけです。もっと戦略的に考えないとだめということです。

山崎　ビジネスであれば利益として明確な答えが出てくるわけですが、図書館は公共のアウトカムなので明確に答えが出てこないということで意欲が湧きにくい面はあるでしょうね。

竹内　レファレンス・サービスに力を入れるなら、図書館長がレファレンス大賞の受賞を目指すという方針を出して、自ら先頭に立って真剣に取り組めば二年か三年で取れると思います。これが文部科学大臣賞を受賞できるいちばんの早道だと思います。例えばくまもと森都心プラザ図書館は、三回目の挑戦で文部科学大臣賞を受賞しました。三回も挑戦していることが本気ですばらしいと思います。

山崎　確かに明確な意欲をもった図書館はLibrary of the Yearでもあるのです。市長がマニフェストに書いたみたいな。しかしそう思ってくれる図書館あるいは自治体の長があまり多くない。でも、最近少し変わってきた印象です。二十年というスパンでみたときに、それが図書館の外部評価にもつながっているような気がします。以前はこういうことをやってもあまり評価されませんでしたが、最近は例えば「街づくりと図書館の関わり」が言われ、少し違う面だとは思いますが、図書館に対して行政が期待感をもつことが多少は出てきました。まだ、ただ人を集めればいいというレベルにとどまっている気もするんですけれど。図書館の機能を住民がしっかり使えば、また変わってくるかもしれません。

図書館員あるいは図書館に求めたいことは、まだたくさんあると思いますので、最後に一つこれだけは加えて言っておきたいことがあればお話しください。

図書館員に望むこと

竹内　これだけはというと、ビジネス支援に関してはやはり企業経営の成功事例は、テレビを見ても新聞や雑誌でも、本にも、ものすごくたくさんあります。私は企業で管理・経営を経験して、大学でも実践的な経営を研究して通算四十年以上関わっていますが、経済環境や技術の革新もあり、毎日のように新しいビジネスモデルで興味深いものが生まれ、それを学ぶ機会があります。図書館員はビジネス支援を担当しても企業の事例を学ぶという意識が弱い。少なくともビジネス支援を担当している間だけでも、企業の新しいビジネスモデルやビジネス支援の最新事例などを学んでほしい。少なくとも自分たちの地域の企業の現場を見ることに、もっと貪欲になってほしいと思います。このことはぜひビジネス支援に取り組んでいる図書館の司書のみなさんにお願いしたい。図書館員は、図書館員のビジネス支援サービスの事例には関心がありますが、企業の事例から直接学ぶという意識が低いように感じています。私の「Facebook」の「いいね」のつき方でも感じます。図書館員の友達が多いので、図書館ネタには「いいね」を数多くもらいますが、企業の非常に興味深いネタに対しては興味を示さない。「いいね」のつき方が全然違います。ここでも図書館員の内向きさを感じます。私の「Facebook」で友達になっている図書館員の多くは、ビジネスライブラリアン講習会の受講者かＢＬ協議会の関係者です。そういう人たちでもまだまだ関心が低くて、もっと関心をもってほしいというのが一つです。

もう一つは、さっき言ったようにどんどんアウトリーチして、評価にも貪欲になれということを図書館員全体に言いたいです。内向きで傷を舐め合っているような印象を受けます。確かに、大変なのもわかる。例えば、図書館の非常勤職員にはすごい低収入で頑張っている人たちがいて、それは本当に大変だと思うし問題だと思う。しかも、今後の公共サービスはコロナ禍でさらにコスト意識が強くなると思います。税金で運営しているだけにますます厳しいものになっていく。いまの財政状況はコロナ禍でもうガタガタだから、そう考えると自分のキャリアプランとしていまの仕事を選んでいいのかどうかということになってくる。それでも自分が本気でやりたいことで、やりがいや生きがいを感じているのであれば、自分が評価されることが大切です。例えば文部科学大臣賞の受賞に貢献した人なら、評価されて当然。経験者採用で正規の職員を目指せると思います。だから、もっと外に目を向けて、内向きじゃない図書館員になりましょう。そのお手伝いならいくらでもしますということを伝えたい。

山崎　二〇一九年、ＡＬＡ（アメリカ図書館協会）の年次大会で、ＢＬ協議会に関わってきた図書館の司書三人が発表してくれて、町長も来てくれた自治体がありました。マスコミでも活動などを取り上げ、個々の図書館員の成長にもつながり、結果として本人たちのキャリア形成になりました。本来であれば当然このように考えなければいけないと思いますが、竹内さんが話されたとおり、アウトリーチしないことには、傷の舐め合いでとどまってしまいます。これは私もいつも感じているところです。自分たちが楽しくて慰め合っているだけでは、世の中に何も貢献できず、自分も評価されません。

竹内　そういう意味でもＡＬＡ年次大会の参加は、ＢＬ協議会のこれまでの活動のなかではいちばん大きなトピックです。

山崎　はい。ＢＬ協議会のまさしくアウトリーチみたいな感じですね。

竹内　図書館総合展のときにＡＬＡの報告をして、クラウドファンディングのお礼を直接渡しました。ある大学の教員に、「ご協力ありがとうございました」と言ったら、「いや、これ本当は我々大学の教員がやらなければいけないことをやっていただいたので非常に感謝しています」と言ってくれました。それがすごくうれしかった。「ああ、わかる人はわかってくれている」と思いました。

山崎　若手の教員とか若手の図書館員は抵抗感が低い。さらに次の発展性みたいなことを研究している人は当然いると思います。

竹内　そういう意味では、いままで関わりがなかった大学の教員を訪ねて一時間でも二時間でも話してみたいなと思っています。

山崎　竹内さん、本当に元気だから。まあ動けるうちに、私も含めてですけどね、もう少し日本のビジネス図書館サービスについて役割を果たして、図書館が様々な人に認知されればと思っています。

竹内　もうしばらく頑張らないとね。山崎さんにも負担をかけるけど、頑張ってもらわないと。

山崎　いえいえ、それはお互いさまです。短い時間でしたが、今日はお忙しいなか、お付き合いくださり、ありがとうございました。

竹内　ありがとうございました。

参考文献
「ビジネス支援図書館推進協議会ウェブサイト」（business-library.jp）［二〇二一年七月十日アクセス］

第4章　公立図書館のレファレンス・サービスの現状と課題、これから

齊藤誠一［千葉経済大学短期大学部教授］／
山崎博樹［知的資源イニシアティブ代表理事］

齊藤さんとは一九九七年に三多摩地域資料研究会でお会いしてから、対談でも触れているとおり二十五年のお付き合いになりました。その間、ビジネス支援図書館推進協議会の仕事をともに続けてきました。普段は、相手の話をしっかりと聞くタイプなのですが、レファレンス・サービスに話題が変わると熱く語る齊藤さんに変身します。今回の対談はそのテーマであるため、三時間もの対談になりました。本章はその一部ではありますが、齊藤さんのレファレンス・サービスと図書館に対する思いを読者のみなさんにお届けします。

レファレンス・サービスの位置づけと必要性

山崎博樹　今日はよろしくお願いします。齊藤さんと私の出会いは一九九七年に三多摩地域資料研究会でお会いしたのが最初です。もうすでに二十五年たっています。その後はいろいろな形で仕事を一緒にやる機会があって、いまはビジネス支援図書館推進協議会で一緒に仕事をしています。

今回、最初にお聞きしたいのが、齊藤さんはレファレンス・サービスの業務を現場で経験されているので、いろいろなことに詳しいかと思います。レファレンス・サービスは公立図書館のなかでどのように位置づけられているのか、またその本当の必要性というのはどういうことなのかを話していただけたらなと思います。

齊藤誠一　『中小レポート』（『中小都市における公共図書館の運営』日本図書館協会、一九六三年）以来、レファレンス・サービスと地域行政資料サービスは、少しペンディングにされた経過があるわけです。私が駆け出しのころは貸し出し重視でしたから、レファレンス・サービスを図書館サービスのなかに位置づける必要があるというと「まだ早い、貸し出しも十分にできていないのに何を言っているんだ……」と批判されることもありました。いまは、レファレンスの必要性をどこの図書館も否定しなくなったと思います。みんなやはり必要だと思っていますね。これは、二〇〇六年の「これからの図書館像――地域を支える情報拠点をめざして」（文部科学省）の影響が大きいと思います。

昔、「レファレンス・サービスをもっとおこなうべきだ」とある三多摩地域の図書館員に言ったところ、「何を考えているんだ！　貸し出しがきちっとできていないのにレファレンスなんて言うな！」といっぺんに否定されたことがありますが、いまはそのようなことはなくなっています。〝地域の課題解決支援〟というキーワードでレファレンス・サービスが重要だという認識が広まっています。でも様々な図書館でレファレンス・サービスがきちっとおこなわれているかというと、

それはまた別の問題としてあります。

山崎　以前は貸し出しサービスとレファレンス・サービスを両輪としてというよりは、どちらかというと貸し出しサービスを先行させて、そのことによって利用者を増やして、そこからレファレンス・サービスに結び付けていくというような話し方をしていたということですね。

齊藤　貸し出しサービスの先にレファレンス・サービスがあるというと、いつまでも〝待ち〟の状態が続きます。レ

ファレンス・サービスが自然発生的に生まれてくるわけではなく、意識的にレファレンス・サービスを考えて、貸し出し両輪にする必要があったと思っています。やはり貸し出しとレファレンスのバランスをとったサービスを意識的に展開し、一輪から両輪になるのではなく、最初から両輪を意識する必要があったと思います。一歩譲って、貸し出しという一輪で走っていても、もっと早く両輪で走ることを考える必要があったと思います。

山崎　それは課題解決支援サービスをおこなうとしても、付加価値的なサービスを実施することが必要だったからでしょうか。

齊藤　はい、数年前に講師として関わっていた文部科学省の新任図書館長研修で、それに参加している館長の認識では、課題解決支援については、みなさんきちんと理解しています。そのための研修ですから当然ではあるのですが、課題解決支援に対する意識をもつわけですね。そういう意味では、課題解決支援の基本的なサービスであるレファレンス・サービスの認識は、昔よりは理解されてきていると思います。

山崎　私はどちらかというと図書館のレファレンス・サービスというのは、機能だと思います。例えば、貸し出しサービスといってもそれも機能ですね。住民に場を与えるのも機能です。図書館の機能は当然ながら、いくつもあってもいいわけですね。これらの機能がお互いにうまくリンクしあうことが求められると思います。

齊藤　そうです。だから、貸し出しかレファレンスかという二者択一で捉えられては困ると思っています。先ほども話しましたが、〝貸し出し〟中心で、「レファレンスなんて言うな！」と言われた時期もあり、二者択一であるかのような主張をする人がいました。

ただし、いまでもレファレンス・サービスを適切におこなっているかというと疑問があり、実際は、貸し出し中心の図書館になっているところも多いと思いますね。

レファレンス・サービスの課題

山崎　課題を考えるとたくさんあるような気がしますが、最初の課題として考えられることとして、レファレンス・サービスが住民にどれだけ浸透しているのでしょうか。これは、なかなか難しいですね。

齊藤　はい、そうです。うちの学生に聞いてみても、司書課程を取りにきている学生ですが、レファレンス・サービスという言葉を司書課程で初めて知ったという学生が多いです。そういう認識が市民も一般的なのではないでしょうか。ただレファレンスという名前を知らないとしても、市民が図書館員に何も尋ねていないかというとそんなことはなくて、いろんなことを聞いてきています。図書館員がうまくコミュニケーションをとっていれば、いろいろな質問が出てくるので、ニーズとしてはあると思います。

山崎　レファレンス・サービスの定義は明確ではありませんが、例えば、カウンターでちょっと質問したりするというのもクイックなレファレンス・サービスです。

齊藤　そうです。調べるのに相当な時間を要するような質問だけがレファレンス質問ではなく、日々の図書館サービスのなかで、利用者と図書館員との間でおこなわれるコミュニケーションのなかでも様々な質問が存在しています。

私がいま考えていることは、〝レファレンス・サービス〟という言葉の浸透は重要ですが、利用者とのコミュニケーションをきちっととることができ、そのなかで出てくる疑問や課題について的確に対応できる人を一人でも多く育てていくことが重要だということです。核心に迫る話になってしまいますが、それをないがしろにするような職員を出さない、コミュニケーション能力が高い職員を一人でも多く育てていくことがレファレンス・サービスを浸透させる一つの方法ではないでしょうか。

山崎　コミュニケーションをしっかりできる職員をレファレンス・サービスの業務に配置しておかないと住民にも、その機能が伝えにくいということですね。

齊藤　そうですね。

山崎　レファレンス・トーキングができないわけですからね。当然住民も相手にしてくれなくなるし。能動的にアプローチすることはコミュニケーションに自信がなければできないです。

齊藤　それで、その対応の仕方というのも大変重要です。利用者からの質問に対して、図書館員がどのように対応すればいいのか、その根本になるのが、〝利用者をどのように遇するのか〟ということで、つまりは、コミュニケーションの基本的なスキルをもっている図書館員が必要だと思います。いまであれば、ただ単に、「あっ、それだったらインターネットに載っていますよ!」で終わってしまうような職員ではなくて、もう少し突っ込んだ、図書館の資料も含めて、トータルに対応できるような職員がほしいですね。よくベテランのレファレンスライブラリアンが言うことですが、

〝利用者の満足度とは何か？〟というと、回答を出すのは当然だが、利用者と図書館員がどう付き合ったか、その課題に対してどこまで図書館員が親身になって相談にのったか、そこのところでたぶん満足度が違ってくるのだと言います。それができるようになるとどういうことが起きるかというと、名指しされるようになります。例えば、「齊藤さんいる？」と言ってくる利用者が出てきます。これが、専門職なのだと思うときですね。ほかの職員と区別されるようなことが起きます。それが、やっぱり専門職なのだろうと思います。僕らも医者にいくとき、「あの先生がいい」と選びますね。そう言われるようなホスピタリティーや知識、技術をもった職員を一人でも多く養成していきたいです。

一方で、〝レファレンス〟という言葉がわからないとか、PRが足りないと言われるわけです。そのことは、私が駆け出しのころから言われていたことです。図書館は〝本を貸してくれるところ〟という認識が大きいことにも起因すると思いますが、図書館員の意識の問題も大きいと思います。利用者からの質問をないがしろにしないで、回答できる図書館員がいることが重要です。その点を踏まえながら、私自身は図書館員のレファレンス研修に力を入れています。

山崎　レファレンス質問時に、頼まれたことだけを回答して終わってしまうパターンは結構多いですね。もっと周辺領域のことを、「これだけですか？」って言われたときに、方法も含めて教えてあげられれば信用されますね。

齊藤　いちばんいい例としてあるのは、大学生がレポートを書くために図書館に来て図書館員に相談した場合、「あっ、これは大学の宿題だよね？　自分でやって？」と言う図書館員もいるし、「あーこれやるの！　へー、その調べ方わかる？」と言ってその学生と付き合う図書館員もいます。どちらが理想的か、私は、やっぱり後者の「あー、これの調べ方わかる？」と言ってあげる。「いやーわかんないんですけど」「そうか、じゃあ一緒に調べてみよう！」という会話が続き、「このプリントに書いてあること、わかってる？」というようにコミュニケーションをとっていく。答えを教えるのではなく、調べ方を伝えていく図書館員になりたいと思います。そうすると彼らまた帰ってきます。「あの人いるかな？」みたいな感じで帰ってくる。そうすると「レファレンス・サービスっていいよね、使えるね」につながっていきます。

私自身もそういう人に触発された部分があります。東京の府中市で育ちましたが、小さいころから図書館に行っていました。特に大学のときに大変お世話になった司書の方がいて、彼女に聞くとなんでもわかるので、いつもその人を探していました。その経験から利用者に〝探される司書〟になることは、私の理想でもありました。

山崎　そのような人が何人もいれば、いちばんいいわけですね。当然そういう司書は経験値もあるわけですし、ある分野に秀でている人がいれば、それは本当に専門家と言えるでしょう。

齊藤　レファレンス・サービスができる専門家を養成することは、時間をかけなくてもできると思っています。児童サービスをやることになると、たぶん児童書を相当数読み込んでおかないとできないし、長年、それを積み重ねたなかで児童サービスができるようになると思います。レファレンス・サービスの場合、スキルやテクニックの部分も大きいです。だから、その手法を教え込めば、長い時間をかけなくても優秀なレファレンスライブラリアンを育てることはできると思います。当然、経験によって裏打ちされることが重要になりますが……。ただし、ある程度のセンスは必要です。調べ方に対してのセンスとか、人をどう遇するのか、というセンスをもっている人ともっていない人がいることは確かですね。

山崎　もっている人のほうが有利というのは確かですね。先ほどのトーキングを含めたコミュニケーション能力みたいな。それから調査手法を知っていることですね。探索手法をいくつももっているか。そういうことを好きかどうかというのもありますね。

齊藤　それは学生を育てているなかでもみえてきます。私の授業では、学生に調査課題を出して、調査内容を記録したレファレンス記録を提出させます。このレファレンス記録をみるだけでその学生の能力やセンスがわかります。レファレンス記録をみるなかで「あー、この学生はいいセンスしているなあ」とか、この学生を伸ばしてあげたいと思うこともあるし、最初に演習についてこられるだろうかと思っても、レファレンス記録の書き方を直してあげたり、ちょっとしたことを褒めてあげたりするとグッと伸びる学生もいます。自分の能力やセンスに気づいていなかったものが、何かのきっかけでそれが開花してしまうこともあります。やっぱり育て方だと思うし、人を育てることは、新たな発見にもつながり面白いと思います。

山崎　私も秋田大学で七年間レファレンス・サービスを教えていましたが、学生のほとんどが図書館員になりません。しかし、仕事を進めるうえで必要だと思って教えていました。つまり、どうやってものを調べていくかっていうことは、図書館員だけに対して求められるものではなく、普通に仕事をするうえで必要なことです。例えば、日常生活のなかでもメディアリテラシー的な考え方をもたなくてはならない。レファレンス・サービスのなかで、典拠を複数調べることに近いです。だからいまみたいに新型コロナウイルスの情報がネット上にたくさん書かれていて、どれが本当なのかわからなくなってしまう。そこはレファレンス・サービスとは少し違う面もありますが、文献に書かれていることをしっかり複数の典拠で確認することとは同じように思えます。

齊藤　そうですね。レファレンス調査では〝裏をとれ〟と言います。その点はとにかく重視しています。また、もう一つ重視しているのは〝出典〟です。「責任が明らかな情報を提供しろ！」ということは、口が酸っぱくなるほど言っています。学生が責任の所在が不明確な情報で答えてきた場合は、「こんなもの役に立たない」と突っ返します。これは基本的に情報リテラシーです。つまり、裏をとっていくというのも情報リテラシーだし、出典が明らかな情報を提供するというのも情報リテラシーで、そのことを勉強させることが、司書の養成に大変重要なところだと思っています。このことができる人材を育てることは、学生が図書館に勤めなくても、社会に出て役に立つことにつながるのです。

山崎　新聞記者もそう教え込まれるそうです。「ちゃんと裏をとれ」と。いまだとネットのコピーを持ってきて、そのままそれで資料を完成してしまう人が、結構、多くいます。でもレファレンス・サービスの基本を覚えていれば、そうでなくなる。別のアプローチでも確認してみるようになる。

齊藤　今年は、新型コロナウイルス感染症の関係で、レファレンス演習のやり方も変えざるをえませんでした。うちの大学は、演習が後期でしたので、感染対策をとって面接（対面）授業でおこないました。つまり、「図書館の本も全部使っていいよ、オンラインのデータベースやインターネットも使っていいよ」ということにして実施しました。もう一つの非常勤講師をしている大学は、面接（対面）授業を一切せずオンデマンド講義でおこないました。つまりコロナの関係で図書館を使って調べることを強制できなかったので、「基本、ウェブ上の情報で調べて」となるわけです。当然ですが、学生は図書館を使わないで、インターネットを活用して調べます。いま課題の十一回目になっていますが、図書館を使っている学生とインターネットだけで調べている学生では調査の質に違いが出てきます。図書館資料を使って補えている学生のほうが、情報に対しての安心感が出てくるし、調査に対する広がりも出てきます。そして調べ方がうまくなります。

つまり、インターネットでの調査は、ピンポイントの探し方です。本来、調査というのは、ピンポイントではなくて、その前後というか、その周辺の調査も重要な場合があります。また、調べる過程が重要です。索引を見る、目次を見る、自分でページをめくるとか、そこから見つけ出すことが調べるときの楽しみ、答えが出てきたときの達成感にたぶんつながっているという気がします。

山崎　私の現役時代の話ですが、小学校の「爪について調べる」という宿題で、小学生がＯＰＡＣでタイトル検索し、出てきた資料だけを探して借りて終わってしまう。次に来た小学生は検索した本が貸し出し中になっていて、「この図書館は使えないな」となる。そうではないですね。例えば、齊藤さんが話していた索引というのは、あまり子どもたちが知らない機能です。索引のなかに「爪」というキーワードがあることもあります。応用すれば新聞でも雑誌でも情報はありますし。なのに、本のタイトルに「爪」がなければ、もう爪に関する情報はないと考えてしまう。

齊藤　そうです。だから、百科事典などでも、ある言葉だけでなくてその前後がみえるというのが大きいのです。

現場の図書館員が学ぶべきこと

山崎　子どもや大人も含めて、しっかりと探索方法を覚えておくとかなり社会で有利です。学生と社会人の話をしましたけど、現場の図書館員がＯＪＴ（オン・ザ・ジョブ・トレーニング）で学んでいることは確かですが、さらに、学んでいくには何が必要だと思いますか？

齊藤　いまの現場の職員で足りていないことは、有効なレファレンスブックを知らないということですね。まずネット情報で調べるというのが初動調査になっているわけです。この初動調査は間違ってはいませんが、その先にいかないように思います。パソコンの前ですませて、書架に行かないのではないかと思います。このことを実感することはよくあります。なぜわかるかというと、様々な図書館で職員研修をやるわけですが、そのときに事前課題を出して、その回答を見るわけです。そのなかで、「この課題の場合、この資料が基本資料なのにそれも知らないの？」ということが出てくるわけです。また、インターネットでの調査に偏っていて、レファレンスブックに当たっていないケースも意外とあるんですよ。なおかつ、私の研修のなかでレファレンスブックを実際に使いながら調べるという演習もおこないます。すると、このときに受講者のなかから、「私、この本初めて開きました」という人も出てくるわけです。「えっ！　この本を知らなかったの？」ということもあるわけですね。図書館員であればハイブリッドな情報活用は基本です。様々なデータベースも知っていて、本の情報もきちっと知っておく必要があるわけです。

山崎　ネット情報を最初の入り口として使うということはあるでしょうけど。

齊藤　はい、そのとおりだと思います。ネット情報を初動調査で使うことは重要だと思います。

山崎　実際に調べていくとなると、図書館にあるツールを知っておかないと時間がかかってしまう。何日もかけるわけにはいかない。普段ツールを見ていないのではないかなと思うんです。

齊藤　見てないですね、カウンターから出ていない、パソコンの前から離れていない図書館員を意外と見かけたりします。

山崎　貸し出した資料であればね、返本されたときにチラチラと見ていますが、レファレンスブックは貸し出されるとはかぎりませんから、普段からツールがある場に行かないといけない。さらに索引がどこにあるか、解説がどうなっているのかも見ておかないと役には立ちません。

齊藤　学生は漢字もネットで調べてしまいます。「漢字の読みや意味を調べるとき、どうするの？」と聞くと、「スマホ」と答えます。しかし、ネットでは出てこない情報を必要としている場合があります。その漢字の引用情報とか、語源などを詳しく知りたいという要求もあるわけです。そのときに本の情報を提供できることで、利用者の信頼を得ることにつながることを伝えています。そして漢和辞典を実際に使わせます。漢和辞典には、みなさんご存じのようにいくつかの索引が用意されていて、それを使って漢字を調べます。この、索引を引いて情報にたどり着くという過程は意外に楽しく、評判は悪くないですね。

山崎　時間があるときに、レファレンスブックのコーナーに行って片っ端から見ていくだけでもだいぶ違いますね。
齊藤　そのとおりですね。書架整理をするとき、背読みするだけでも効果があります。
山崎　先ほど話に出た漢和辞典でも、種類によって中身が違いますね。専門的な辞書もありますね。
齊藤　漢和辞典は基本的には『大漢和辞典』（諸橋轍次、大修館書店、一九八九―九〇年）ですがもうだいぶ古いので、『大漢和辞典 補巻』（鎌田正／米山寅太郎編、大修館書店、二〇〇〇年）や『新潮日本語漢字辞典』（新潮社編、新潮社、二〇〇七年）もチェックしてみるとか、ダブルチェックが必須ですね。
山崎　例えば、「世界七不思議」は百科事典で記述が違う。普段しっかりと見ていないと一つの答えで終わってしまう。それは図書館員として悲しいことです。
齊藤　いまのでは、〝七〟という数字が出てきましたので『名数数詞辞典』（森睦彦編、東京堂出版、一九八〇年）を紹介したりします。「こんな辞書があるんですよ！」と利用者に見せたりすると「こんな辞書があるんですね。さすがですね」と思ってもらえる。図書館員の信頼性を高めることになります。
山崎　よくある笑い話ですけど、金太郎って人名辞典で調べても出てこない。『日本架空伝承人名辞典』（大隅和雄ほか編、平凡社、二〇〇〇年）で調べれば一発で出てくる。そのあたりもやっぱり知っているか知っていないかで、探索時間がまるで変わってきますね。図書館員は目の前に資料がありますから、普段の仕事のなかで学ぶことができます。講習でいろんなヒントを受けたら、実際に自分で見にいくことで復習になります。

齊藤　あとは、先輩が後輩をきちっと育てていく仕組みも必要だと思います。ベテランのレファレンスライブラリアンがいて、その人がきちっと後輩を育てていけるような仕組みが必要で、それができる図書館組織にしてもらいたいと思います。専門職を育てる組織ですね。

山崎　先輩にいいレファレンスライブラリアンがいれば、確かに勉強になります。私にもそういうベテランの司書が先輩にいました。調査でわからなくなると聞くのですが、回答が書いてある本の表紙の色やサイズまで覚えていて教えてくれるので、自分の力のなさを認識させられました。

AIとレファレンス・サービス、利用の壁

齊藤　そう、表紙の色とか厚みとか言われるときがありますね。「あの赤い本だよ」みたいな。このような先輩との会話のなかで図書館員は育っていくと思います。

話を少し変えてしまいますが、私が何年か前までレファレンス演習で使っていた課題が六十問から七十問くらいありますが、このうちの八〇パーセント以上は、いまはネットで調べることができます。以前、全部をチェックしたのですが、より深い調査を求めず、一般的なことを知るのであればネットで対応できます。しかし、問題は、残りの二〇パーセントなんです。この二〇パーセントに対して、的確な情報が提供できるのか、そこが図書館員の勝負どころだと思います。

山崎　先ほどの話にあったように、アナログの調査は周辺の答えを見つけることができますね。ネット検索はストレートです。実際、それで満足される前に周りを見ておくというのは重要だと思います。図書館は両方できるのが強みでしょうね。

齊藤　インターネットの情報も見られ、本の情報も見られる、いっぺんに見られる空間というのは、図書館しかないと思います。二十年後、三十年後、どうなるかはわからないけれども、いまの過渡的な状況からすると、ハイブリッドな情報活用ができる職員が必要だと思います。

山崎　将来、ＡＩ（人工知能）がレファレンス・サービスをするとしても、探索技術は実現されるでしょうが、冒頭で話したように、しっかりとしたコミュニケーションによる信頼感と共有感は難しいですね。また、どうやって導き出された答えなのか、答えといっても「解答」ではなく「回答」ですけれども、それについてちゃんと示すことは、実はＡＩでは難しいのです。人間がやった場合には、回答のプロセスも合わせて示すことができる。失敗のプロセスも含めて回答するということもやっぱり強みだと感じます。

齊藤　人が介在するというのはどういうことかというと、調査の過程を利用者と共有できることです。よく利用者の質問に対して図書館員が一人で調べてしまうことがあります。まあ、仕方がない場合もあり、すぐに回答が出ない場合は預かって図書館員が調べることはありますが、私は、できるだけ利用者と一緒に調べることをやるわけです。調べているのは利用者ですから、一緒に調べて、その調べる過程を利用者に見せていくことが大変重要だと思っています。そうすることによって、利用者が今度は一人で調べられるようになる。それによって、司書がいる、介在する、存在感が生まれるのです。だからコミュニケーション能力は特に重要です。

山崎　秋田県立図書館は、レファレンスカウンターに利用者向けのモニター画面があります。レファレンス相談を、例えばキーワードをどう入れて検索しているかを見せながらおこないます。一般の利用者とは探し方も若干違いますから。

齊藤　そのときに、利用者といろいろな話をしていきます。「この場合、このようなキーワードが有効ですよ」などと言っていくわけです。コミュニケーションをとりながら調べていくわけです。そのような対応が重要です。この対応が「あの人いるかしら？」という名指しにつながります。そのような図書館員を選んで声をかける利用者もいますね。

山崎　現在はレファレンス・サービスには壁があるのではないでしょうか。利用者からみるとその壁が高くて、なかなか声をかけにくかったりします。よくフロアワークしていたりすると、利用者から声をかけられます。人に聞くことを難しく感じる人も多いのではないでしょうか。でも一度でも関係を結んだ人であれば、気軽に聞くことができる関係になると思うんです。

齊藤　カウンターというのは一つのバリアだと思います。利用者と我々を隔てるバリアなので、そこを取ってあげるというのは必要です。だからいま、山崎さんが言ったように、カウンターから出てフロアワークのなかで利用者と一緒に調べるというのは、いい方法だと思います。書架整理をしているときに声をかけられることが多いと思いますが、バリアがない状態にあるからです。

山崎　齊藤さんは「一緒に書架に行って調べる」とよく話されていますが、それはそういう意味があるんですね。

齊藤　利用者のみなさんは、自分で調べようとしています。このことは尊重すべきで押し売り的に声をかけることはしません。しかし、調べきれなくなったとき、図書館員に相談してみたくなるときはあるのです。利用者の行動をみているとそれがわかるときがあります。具体的にこれだということは言えませんが、さりげなく利用者の行動をみているとわかります。そのタイミングでフロアに出ていって書架整理をしながら目を合わせてみるとか、声をかけてみることをします。カウンターまで来て話をするというのは、意外に恥ずかしい、いやだという人もいます。近くにいる図書館員には声をかけやすいのです。

したがってレファレンスカウンター（私はレファレンスデスクのほうが有効だと思っていますが）で事務作業に没頭している図書館員がいますが、それは違っていて利用者の動きをある程度把握しておく、カウンターの椅子に座りっぱなしでフロアに出ないのではなく、フロアに出ていくことも必要です。そのときに、この人は図書館の人だとわかることが必要ですね。

山崎　そうですね、それなりの形を示すのは必要でしょうね。あまりこだわっているわけではありませんが、図書館員のユニフォーム。二〇一八年に出版された『ホテルに学ぶ図書館接遇』（青弓社）の対談でユニフォームについて話をしましたが、著者の加納尚樹さんによるとホテルの制服はその人の専門性を表すものだそうです。あまりふさわしくない制服では違った印象をもたれてしまって、逆に変な先入観ができてしまう。「本当にこの人に質問していいんだろうか」と思われてしまうということです。

齊藤　そう思います。きちっとネームプレートをつけると、最後に「齊藤がやりましたので、また何かありましたら、お声をかけてください」と言えることにつながります。ただし、図書館員に対するストーカー被害などの例もあり、注意は必要だと思います。

「レファレンス協同データベース」について

山崎　レファレンス・サービスで、質問者が二度目に来たときに前回と同じことを聞きたいときがあります。当然、担当した人に聞いたほうがいいです。しかし現実はそうはいかない。そこでレファレンス回答を記録する図書館が増えてきました。この話は、国立国会図書館が提供している「レファレンス協同データベース」（以下、「レファ協」と略記）になるのですが、その最初のアイデアは私が国立国会図書館に提案し、準備のために二年間出向してきました。そのとき、齊藤さんからいろいろお話を聞いて、様々な仕組みを作りました。コメント機能もたぶんその一つです。

齊藤　そうでしたね。

山崎　「レファ協」の役割についてあの当時考えたのは、一つは、一般の人にレファレンス・サービスを知ってもらうこと、もう一つはたくさん登録されれば一つの回答事例になるということ。三つ目が、図書館員としての先例を示す場、教育の場でもあるということ。三つ目については、齊藤さんも現場で教えるときに使われているのではないでしょうか。

齊藤　レファレンス演習課題を毎週出して、一週間かけて調べさせるということをやっています。毎週課題を出して、その課題に対するレファレンス記録を提出しないと合格点が取れません。したがって学生は、必死になって課題に取り組んでいます。そのときにやはりデータベースの使い方も含まれるわけです。そのなかで、学生が「レファ協」を使うケースは増えています。それは私が「レファ協」のことを話していて、彼らは、使ってみると有効だということがわかっているからです。ただ、「レファ協」に直接アプローチする学生もいますが、Google検索から「レファ協」に行き着く人もいますね。

山崎　そうですね、いまは「レファ協」のデータはGoogleからも検索できます。

齊藤　「レファ協」は、使えるデータベースになってきていると思っていて、これは先見の明があったというか、「レファ協」を発想した山崎さんの貢献度は大きいと思います。

教える立場での課題は、「レファ協」をどのように活用するかという視点のもち方です。「レファ協」で出てきた情報をどう使うかです。「レファ協」の記録というのは、利用者から尋ねられたときの記録であって、その図書館員の力量で書かれたものだということはいつも言っています。「もう一歩先を君たちは探さなければいけないよ、でも基礎になる情報は出ているよね、ここから調査を広げていくのが君たちの力量だよ」と言っています。つまり「レファ協」の情報以上のものをどう探していくのかということになるわけです。そこが、勉強になるところです。

よくあるのですが、調査には定番の情報源というものがあります。それに気づくか気づかないかの差は大きいです。その点でも「レファ協」は役に立ちます。「レファ協」は、情報源のヒントをくれます。そして調べ方の視点を教えてくれます。

レファレンス・サービスというのは、〝発想力の勝負だ〟と思っています。一つのことを聞かれて、例えば分類で言えば、いくつの分類を発想できるか、ここの部分は大変重要だと思います。そのときに「レファ協」がその手助けをしてくれると思います。前にやった人がどのような発想で調査を進めているかは大変参考になります。「このようなアプローチの仕方があるのだ」という〝気づき〟につながっていきます。そこから自分の新しい発想、これを使って新しい情報を見つけていくのです。やはり、最初から様々な発想をしていくことは難しいですよ。「レファ協」は学生だけでなく、利用者にとっても調べるための発想を教えてくれる有効なツールだと思います。

山崎　プロセスを書いてありますからね。プロセスは、時代がある程度変わっても参考になります。「レファ協」は解答集ではない。あのときにいろんな人と、齊藤さん以外に大串夏身先生、小田光宏先生、田村俊作先生にもヒヤリングしましたが、そのときに教えていただいたのが、回答の「回」という字が大切だと、正解の「解」ではなくて、あくまでも質問に対する答え、つまり、回る答えです。だから、絶対的に固定されるものではない。つまり時代とともに回答は変わっていく。そこがレファレンス・サービスというもの。そのためにコメント機能をつけたということもあります。いまは直接「レファ協」とは関係がありませんが、十年以上、協力員として関わってきたなかで、「レファ協」の事務局が中心となって、学校図書館の加入、Google 検索など、様々な改善がされていることにはありがたいと思っています。

齊藤　そうですね。

山崎　当初、実際に参加を呼びかけた図書館の人にアンケートをとると、事例を世の中に出すのが恥ずかしいという人が結構いて。しかし、図書館の最大のアセットの一つで、専門の人が時間をかけて作った集合体を図書館の書庫に保存しておいても、そこから生まれるものはないと思いました。私の発想はそこにあったんです。秋田県立図書館に勤めていたときに、多くの職員が記録をとっていました。紙に一枚一枚いろんなことがたくさん書いてあって、でも「これって、後輩がどれくらい見ているのかなー」と。先輩に聞くと「同じ事例がないからしようがないんだよ」と。でもいま、齊藤さんのお話にプロセスが必要ということがありました。

齊藤　そこにはヒントがあります。

山崎　これで、ある程度センスは磨けるのではないですか。「あっ、こんな見方があるんだ」はセンスです。過去事例のなかでも、内容が違っても、プロセス自体が類似しているケースはいくらでもあるわけですから。

齊藤　そうですね、僕は意外と発想力みたいな言い方をしますが、〝プロセス〟ですよね。

山崎　プロセスの気づきですね。それを意識している人ほど、レファレンス能力が高い気がします。「この道に行ってはだめだ、こっちの道はいってもいい」ですね。

齊藤　そうです。本当に発想力が勝負だと思っているので、その発想力を触発してくれるのが、「レファ協」だと思います。

もう一つ、「レファ協」で思うことがあって、昔は先輩から「同じようなレファレンスの質問はそんなにこないから、まあこれはこの記録でいいんじゃないの?」と言われていたことがありました。でも、「レファ協」をみていると、類似のレファレンスが意外に多いと思います。やはりレファレンス事例をデータベース化したことによって、それがみえてきたと思います。利用者から寄せられる質問には、意外と似通ったものがあることもわかりました。

山崎　繰り返し同じ質問、定番的な質問もあります。

「れはっち」というキャラクターを国立国会図書館の職員が考えてくれました。これは、葉っぱというイメージで、この事業を準備しているときにレファレンス・サービスの回答は一つの葉っぱだと思ったことから生まれています。それは、木に例えれば、葉っぱが何百枚もついて、一つの木として存在し、体系的になれば森になっていく。葉っぱという事例を体系化して集めていけば知の森になっていき、役に立つ。国立国会図書館の関西館に勤務していたときに、事務室の向かいがちょっとした公園だったので、そんなことを当時の同僚だった依田紀久さんと話しながら考えていました。

齊藤　そうそう、本当にそう思うし、だから、「レファ協」は使い方だと思います。使い方を学生だけでなく、一般の人にも伝えていく必要性があると思います。それから、さっきの山崎さんの話のなかで、私も本当に同感なのですが、記録というのは、あとで誰かが使うことを前提に残すのです。だから、ただ単に記録を書いて残しておけばいいという話ではなくて、なぜ残すか、だと思います。将来誰かが使うという前提で残すのですから、将来使える記録でなければ意味がありません。「レファ協」は、それまで死蔵されていた記録を使えるようにしたのです。これは大きいと思います。記録というのはなぜ残すかと言えば、誰かが使う、あるいは自分が使うために残します。学生によく言うのですが、「なんでみんなノートをとっているの？　試験の前に僕が何を言ったか、思い出すためでしょう。それは将来使うということが前提になっているのだから、あとで使えるノートをとるようにしましょう」と。誰でもが使える記録を「レファ協」は公開したわけで、その意義は大きいと思います。

山崎　確かに記録をとるのは手間がかかりますが、役に立つとなればやる価値があります。「レファ協」は実際に図書館の記録として後世に伝え、使ってもらうことが大事かなと思います。ただし、私はあまり力作的なものだけがレファレンス回答だとは思っていません。たしかに、レファレンスの質問には難問みたいなものがあります。そういうものだけでなくて、普段、普通の利用者から聞かれるいろんな質問も大事です。そしてそれに即答できるような図書館員になっていかなければいけない。たくさんの時間をかけて汗をかいて、それで喜ばれるということもありますが、そうではなく、そこは利用者に時間を短縮させるために、「あっこれはここにあります」とすぐに答えられるようになりたい。根底には、レファレンス調査をする時間がないためにサービスできないという意識も図書館員にあるのです。

齊藤　そのとおりだと思います。ツールですので、そのツールや引き出しをできるだけ多くもっていることが発想力につながるわけですよ。発想力というのは分類だけを発想するのではないし、「レファ協」の事例を読んでおくと役に立つことがあります。今日、あそこの書架を整理したけど、あそこにいい本があったなあ！ということでもいいわけです。

山崎　そうなると、書架整理はものすごく大事ですね。

齊藤　そうです。書架整理というのは、ライブラリアンにとって必須だと思います。

山崎　書架のなかに隠れている本を前に出して、「あっ、こんな本あったんだ、うちに」と。そこからヒントが生まれるかもしれない。

齊藤　それで言えば、「レファ協」はそうですよ、つまり、あれを読んでいると、「えー！　この本にこんなこと出てるの！」という気づきになります。だから、私が立川市中央図書館にいたとき、新人がきたときにまず、私たちがおこなったレファレンス記録を読ませることから始めました。とにかく私たちのレファレンス記録を読みなさいということを最初に課すわけです。そうすると、我々が何をやっているのか、わかってくる。資料や情報を使って何をやっているかがわかるわけです。

「レファ協」の事例を読んでいるだけでも、やはり役に立つと思います。新人教育にも使えます。「「レファ協」の事例をたくさん読みなさい」、そして「印象に残った事例をいくつか挙げなさい」という課題を学生に課すこともあります。現役の図書館員も「レファ協」の事例をもっともっと読んでおくことをお勧めします。それが〝気づき〟につながるわけです。

山崎　冒頭の話に戻れば、レファレンス・サービスは利用がないのではなく、図書館員が普段からツールを使えるようにしておけば、いろんな場面で声をかけることができますね。利用者との関係をつくって、その方々が定期的に使えるようになれば、レファレンス・サービスの価値は必然的に高くなるでしょう。

齊藤　そうですね、だからレファレンス・サービスだ、貸し出しだという話ではなくて、利用者が来たときにきちっと対応できるような人材、基本的なレファレンス・サービスの理念をもった職員を育成していくことがやはり必要だと思います。一人でも多くの市民に、「あんたに会えてよかったよ！」と言ってもらえる人材を育てたいと思います。そのような図書館員がいる図書館の価値は高いと思います。そういう司書を育成するために、私もレファレンス研修を頼まれればできるだけ応えたいと思っています。

レファレンス・サービスは機械的なことではなくて、接客業というかコミュニケーションの最たるものです。だからホスピタリティーが必要なのです。そのうえで、データベースや資料・情報の知識も必要です。そして日々の精進も、書庫整理も必要です。それを総合したときにいちばんいい対応、いろいろな対応ができると思います。難しいことだけではなく、どのようなことにも情報を使って応える姿勢が必要です。

先ほど山崎さんも言っていましたが、難しい問い合わせだけではないと思います。「漢字の読みや意味を知りたい。ネットに載っていることだけではなく、もう少し詳しく知りたい」という問い合わせに「いい漢和辞典があるんですよ」と言いながら、適切な漢和辞典をスッと紹介できる図書館員でありたいと思います。

山崎　まとめまでしていただいてありがとうございます。本当に同感です。それは利用者にとって本当に幸せなことであると同時に、図書館員にとっても感謝されるうれしい瞬間です。

齊藤　山崎さんには、釈迦に説法をしているような感じになってしまいましたね。お許しください。

山崎　齊藤さんとは普段から話をすることが多いですが、まとめてレファレンス・サービスについて話すことがあまりなかったので、今回はいい機会になりました、今日はありがとうございました。

参考文献

「レファレンス協同データベース」(https://crd.ndl.go.jp/reference/)［二〇二一年六月三十日アクセス］

第5章

図書館、ICTを語りつくす

原田隆史［同志社大学大学院総合政策科学研究科教授］／
山崎博樹［知的資源イニシアティブ代表理事］

原田隆史さんとは以下の対談にあるとおり、デジタルライブラリアン講習会からの付き合いで、現在もいくつかのプロジェクトを一緒におこなっています。お互いに話が長いほうなので、この対談も実際には大変な長時間になりました。そのほとんどを紙数の関係で割愛せざるえなかったのは残念な気持ちもありますが、原田さんの図書館に対する熱い気持ちは、この対談からも十分に感じ取れると思います。

図書館との出合いとデジタルライブラリアン講習会のこと

山崎博樹　原田さんは、どのような経緯で図書館の世界に入ってこられたのでしょうか。

原田隆史　もともと中学生のころから図書館が好きだったんですが、大学では化学に進み、将来は化学者になるのだろうと思っていました。大学院の修士課程のときに先行研究を探す必要があって、それで探すのに目覚めたというところです。ただ、自分で探しにいくタイプでしたので、図書館ってあんまり関係ない雰囲気でしたね。図書館の職員が頼りにならないわけではありませんが、あまり手伝ってくれるという雰囲気でもありませんでしたし。だから慶應義塾大学の大学院に進んで、さらに教員になったあとも、図書館は好きだけど、それを研究の中心にしようとか、図書館員養成がどうのこうのという話ではありませんでした。しかし、アメリカに留学してオハイオ州立大学にいって、そこの図書館でものすごくいろんなサービスを受けたのが変化のきっかけでした。情報がすぐさま届くという状況を体験し、「図書館は便利だなあ」と思いました。そのころ、まだ私の子どもが小さかったので、アメリカの公共図書館で、いろいろと教えてもらったり遊んでもらったりして、そういうのを通じてさらに「図書館すごいなあ」と思い始めたんです。この経験があって、日本に戻ってきて糸賀雅児先生に「図書館すごいですね」って言ったら、「いまごろ何言ってんねん」とか言われて。「日本の図書館でもあれに似たようなものがあるんですか？」と言ったら「ないわけではないよ、でも全部がそういうわけではない」という話になり、「そのためには人が必要なんだ。人が」「そうですね」と話をしているなかで、「デジタルの時代になればデジタル関係の知識をもつライブラリアンというのを育てなければいけないから、デジタルライブラリアン講習会をやる。きみも手伝ってくれる？」と言われ、「はい、そうですか」と、そこで山崎さんとお会いしたのが最初ではないでしょうか。

山崎　二〇〇一年ですか？

原田　そうですね。この講習会では、糸賀先生を筆頭に、山崎さん、大串夏身先生、小林是綱さんとよくしゃべる講師がたくさんいて、「私も負けられない」とは思いながらも、とても面白かったです。

山崎　話が好きな人が集まりましたからね。そういえばそのとき、原田先生が自慢していましたよ。マイクを使わず、「自分の声が講義室の後ろの壁に行って戻ってくるのが快感だ」と。

原田　そうそう、好きです。大教室でも大きな声でしゃべってマイクは使わないというバカ話をよくしていましたね。

山崎　あの当時、デジタルライブラリーとかアーカイブという言葉が出始めたころですね。ちょうど国立国会図書館とＩＰＡ（独立行政法人情報処理推進機構）で実証実験がおこなわれて、盛り上がっていた時期です。

原田　ようやく様々なところで実験が普通の環境でできるように降りてくる直前の時期です。その前あたりにデータの解釈やデータの表現に関してＸＭＬ（Extensible Markup Language）が出てきて。それでも、データはそろっていてもＸＭＬ形式でデータを表現する話になると、どうやったらいいのかみんな悩んでいた時代です。それらを加工する場合も標準的な環境ではうまく動かない。作ったデータそのものを見ようと思っても環境がないからできない人もいるとか。その後、それらが標準化され、どんどんとツールが充実していき、Windows 標準のウェブブラウザとかでもＸＭＬが表示できる環境が整っていって、Excel でもＸＭＬの読み込みや加工が可能になっていきましたよね。このくらいそろってくれば図書館員対象の講習会でも演習ができるかなということで、デジタルライブラリアン講習会の講習テーマのひとつに入れて動き始めた感じでしたでしょうか。

山崎　日本の一般社会にインターネットが入ってきたのは一九九二年ぐらいですね。

原田　データそのものもそうですが、標準化というのは「すごいな」というのがそのころの印象です。まあ、いまもそう思っていますけど。その手の話を筑波大学の杉本重雄先生にしたら「それは年をとった証拠です」と言われましたけど。新しいものに向かって何かしていくというより標準、もしくは環境を整える話をするのは年をとった証拠ということでしょうか。

山崎　しかし広く進めるためには標準化は必要です。

原田　そうですよね、そうでないと我流に作っていっても、結局しばらくしたら忘れてしまったりします。コンピューターの世界では自分だけで使って、独り善がりで終わるのがずいぶんと続いていたので、「それはいやだなあ」と思っていたのが背景にあったかもしれません。

山崎　一緒に参加したデジタルライブラリアン講習会は、十年近く続いて、二〇〇八年ごろまでやっていましたか。

原田　ちょうど十年だったじゃないですか。二〇〇〇年から始まって一〇年までやっていた気がするんですけど。〇〇年に日本に戻ってきてその十二月か、もしかしたら第一回は〇一年に入ってからだったかもしれません。講習会自体は九年か十年か続いたという、そんな感じだったと思います。

山崎　その後、講習会が終了し、デジタルに関して現職の人が学ぶ場が少なくなった気がします。大学では学ぶ機会はあったかもしれませんが。

原田　デジタル環境を取り扱う場合、大学、特に文系学部の学生もいる状況では、どこをターゲットにしていいか、なかなか難しいんです。ある程度、マスを対象にしようとすると、ターゲットとして結局下のレベルに合わせるしかなくなる。結果として、初歩の初歩だけ教えて終わったりすることもありました。多くの人にある程度教わったと感じさせる必要もありましたので、途中にいろいろやりました。基礎的な内容に関しては講習会を録画して、それをオンライン教材とかにもしましたし、何度もまとめなおしたりもしましたけれど。ただ見て終わるだけだと続かないですね。難しさの克服も難しかったみたいでもあります。逆に上のほうのレベルの人だと細かなところでここはこうだという話や質問が出てきて。そのフォローも必要でしたしね。質問を受けてはじめてわかるので。

図書館員はICTについて何を学ぶべきか

山崎　学んだあとの実践がなかったことが当時にはありました。私はあの当時は文部科学省の委嘱事業を手がけていて、一億円くらいの予算額で、実践を積むところができました。何もしなければどんどん技術は変わっていきますし、基礎的な点以外は、浦島太郎状態になってしまうことがあります。ICTについて、図書館員が何を学んでいかなければならないかというのは難しいと思います。その点については、基礎的なICTに関する知識、マネジメントの知識があるのではないかなど、普段から原田さんと話しています。システムを導入しても実際に運営していかなければいけないこともあります。これらの点についてはあまり議論されずに進んできてしまっている現状がありますが、原田さんはどう思われますか？

原田　実際に最低限の知識というか、用語を知っていなければならないというのが、最初にあると思います。これについてはおそらくITパスポートのレベルで十分かと思うんですが、言葉が通じないというのはそもそも話にならない。例えばXML、もしくはJSONとかの用語。これらの構造や使い方は知らなくても、JSONやXMLがどういうものなのか知らなければ、業者との打ち合わせのときに、その説明で時間を使い果たしてしまう。用語とそれから基礎的な流れということですかね。ネットワークの基礎についてもIPアドレスというものが存在していて、それを実際に準備する必要があるあたりを理解してもらっていると説明も楽です。機器にしても、ルーターとはどういうものかの細かなところまでは知らなくても、ネットワークを接続するときに必要な機器である程度は知っていてほしい。図書館でシステム担当者になったとすると、いくらＩＣＴが苦手だという人でも最低限の知識はもっている必要があると思います。そうでないと業者との打ち合わせで、わからないから口を挟む余地がなく、業者側にいいようにされてしまいます。会話できるに足るだけの知識が、最低条件になるだろうと思います。そのあとのレベルとして、今度はその仕組みを使って、何ができるかという想像力をはたらかせることも求めたいところではあります。

図書館に限らず、システムを発注をするには基礎知識はもっている前提で、はじめて業務に関わる話が可能になるはずです。それがないとそもそも事業の企画を立てること自体ができない。そのさらに上の段階にいくと、今度は実際に構築したものを評価するときに、何をもって評価するのかという話になる。で、少し先走った話をしますが、そういう評価の話になったときに考えなければいけないのは、システム設計時のプロセスだと思うんです。つまり、システムの構築というと新しいサービスを作っていくということに目がいきがちですが、実際には現在の図書館でおこなわれているサービスの流れを情報技術という観点から分析することが優先で、それをもとに現状の図書館全体のシステム構造とか運用体制まで含んで省力化していく手法を検討する。このように省力化をしたうえではじめて図書館の新しいサービスを作り出していくことができると思います。現在の社会情勢を考えた場合、省力化しないかぎり新しいサービスは生まれない。昔のようにお金がどんどん入ってきて新しいものを作れるということはない。新しいサービス展開の余力というのが、現在の予算や人員にプラスαで入ってくるなら別ですが、そうでない状況であるとするならば、余力というものをなんとか生み出して新しいサービスを作っていくしかないわけです。そのためにどうしても大胆な省力化が必要です。そのために技術だけではなく、図書館サービス全体に関する理解とか、場合によっては論理学とかそういうものが必要になる。その意味では学びにもある種の段階があると思っています。

図書館のICT戦略

山崎　省力化と新しいサービスの関係はなるほどです。両方ともコンピューターが得意とする分野ですから。

原田　繰り返しというかしつこい話になりますが、省力化という点でコンピューターは武器になると思うんです。さらに新しいサービスをするという点でも、情報技術を使った成果はアピールポイントにもなると思います。いま、コンピューターを使って何ができるかという具体的な話を抜きにして、図書館界以外の人にアピールできる新しいサービスはなかなか生まれないような気がするんです。もちろん児童サービスやそういうサービスに新しい動きはあると思います。でも、効率は全然違うと思いますし、そういうサービスをする場合でも、展開するというか実現するにあたって小さな労力を大きく見せかけるということをやるときに、デジタルは非常に強力なツールだと思います。ちょっと卑怯な話でもあるのですが、現状、それほど多くの人がICTに精通しているわけではないため、ICTを使ってちょっと何かすると、すごく新しいことをやったようにみえるということもある。あんまり比喩になっていませんが、ICTはこの「てこ」の原理の作用点を大きくするときの力点に相当する気がします。

山崎　注目を浴びますからね、ＩＣＴを用いたサービスは。それは二十年前からあまり変わらないのかと思います。私も経験したことですが、ＩＣＴのサービスを始めればマスコミが取材にきてくれる。それは、かけた費用以上の効果があったと思います。

原田　シスコシステムズの桜井豊さんを授業に呼んで話をしてもらったとき、印象に残っている言葉があって、「流行の波に乗るというのはありえない。私も原田先生もいま大きな顔をしているのは、流行の波が大きなときに参入して活動を始めたのではなく、作り出すところに関与したという、その一点だ」と。私もというのは単にホストの教員に対するお世辞ではありますが、おっしゃっていることは本当にそのとおりだと思いましたね。流行のウエーブがきたときに波に乗ろうとすると確実に乗り遅れるわけですから、流行に乗るというのは、実はあらかじめ流行をつくるというときに乗っていてはじめてなんらかのことができるということですね。そういう意味では、いま、現在はデジタル化そのものを使うということだけは、波としてはもう遅い、でもデジタル化はまだまだ様々な側面をもっていて、新たな動きが出てきている。特に図書館への人々の期待度はまだ大きくありません。したがってその期待というのを裏切る材料として、デジタル化はまだまだ使えると思うんです。波がちゃんと波になっていない環境だからこそ成立するというか。ああ、抽象的すぎますかね。少なくとも図書館の世界に関して先頭に立つことができるという意味で、デジタル化はまだまだ有効だと思います。

アピールという点では、かつて図書館界は戦略的にうまい動きをしていたと思います。山崎さんとは何度も話していることで繰り返しになりますが。

一九六三年の『中小レポート』(『中小都市における公共図書館の運営』日本図書館協会)、そして七〇年の『市民の図書館』(日本図書館協会)の話です。これが受け入れられたのは、当時では画期的だったと思うんです。この時代、まだ高度経済成長が始まったころで日本は全国的にお金がなくて、様々な公共事業に投資しなければいけない状況があった。いろんな公共事業への予算投入が競い合うなかでも、図書館はしっかりと予算獲得ができたわけです。その背景には、図書館振興の提案に説得力があったからということが言えると思います。かなり乱暴な説明で正確ではありませんが、ほかの公共事業には数値の裏づけとかなしに「こういうものがあったらいいんじゃないか」という比較的感性に頼るような提案も多かった。そのなかで図書館は入館者数とか貸し出し冊数とか、そういう様々な数字的な裏づけをもって発展していくことを示している。このことが、図書館というものに対して多くのお金をかけてもかまわないと人々が思う流れを生み出していった大きな要因だと思います。いまでもデータの裏づけをもって説得するのはネゴシエーションの基本ですよね。

とするならば、このような数値的なデータを裏づけにしたものが、いまなぜおこなわれないのかということが疑問です。図書館システムの導入にともなって、いくらでも新たなデータは集計できるはずで、それをもとに指標を設定するのは図書館員の責務ではないでしょうか。説得力がある提案に裏づけとなるデータが提供されることによって、はじめて人々の興味を引く。ところが『中小レポート』以降は、そういう活動が消極的になってしまっている気がします。

このことは、ある意味で『中小レポート』による図書館活動の活性化に大成功したことと裏表の関係にあるのかもしれません。つまり、これが大成功を収めたがゆえに新たな指標を生み出そうとする努力がおこなわれなくなったとか。でも、これは新しい図書館活動について説明しないのと同義ですよね。『中小レポート』のときの活動が、いまの図書館活動のすべてを説明してしまうことになるわけですから。実際に、この五十年間というもの、なんらのアピールもなされなかった結果として、人々は図書館が本を貸し出すためだけの施設だという認識を強くしてきた。その結果というのは恐ろしいと思うんです。住民は図書館に対して本の貸し出しをするためだけの施設という認識で固まってしまい、それ以上の期待は発生しない。図書館に対する期待はすごく低い状況で固定されていると思うんです。期待が低いということは、いつ廃止してもかまわないということと同義ではないでしょうか。

そういう社会全体の認識を変えないと図書館の将来は暗いですよね。図書館が新しいことをやっていく、それが新たな形で人々の役に立つと実感させる。それが必要だし、なんといっても大きく図書館は変わったと示すことが求められていると思います。そのためには、従来の図書館と同じことをしていたのではだめ。だって、社会は変わっていくのにいままでと同じことしかしない組織は魅力的ですか？　もちろん、私は児童サービスも重要だと思うし、全域サービスも重要だと思いますが、例えば全域サービスにしてもこれも通常の配送サービスをやってもだめで、配送サービスを全部無料にするならＯＫ。ドローンで持っていく、これもＯＫかもしれない。ただしこれは無料であることが前提で、それができてはじめて人々が新しいサービスと思うでしょう。このあたりは図書館界の動きが遅かったことによるペナルティーではないかとも思いますね。例えば、配送サービスを二十年前におこなうのであれば無料は必須ではありませんでした。でも、いまさらであれば無料でないとインパクトは与えられません。いまさら全域サービスの充実のために郵送サービスを始めたところで、それは従来と同じサービスを単純に成長させただけで、新しいものが生まれたことにはなりません。図書館は変わらなかったということになると思うんです。

つまり、ジャンプアップすることができるようなものを提供しないかぎり図書館への期待は変わりません。一九六〇年、七〇年のままの姿で終わってしまいます。波をつくることができないわけですから、いずれは下火になってしまいます。そこで波をつくることができるものを考えないといけません。その意味では、無料でなくてもいいのです。それが最も簡単なインパクトの例だというだけで。それに代わるほどのインパクトがあって人々に魅力的な提案ができるなら、そのサービスでいいと思います。

それさえできるなら、デジタル絶対ではないと私は思っています。ただ、私はデジタルが得意で好きで、それで新しいものを生み出すことができる可能性を思いつくことしかできない。ほかの手法によって新しいインパクトを生み出すアイデアをもつ人もたくさん出てきて、その比較で論争できる状況が図書館界に生まれればいいですね。デジタルのほうがもう古いという可能性も十分にあります。デジタルを使わない図書館サービスが生まれていて、それがインパクトを与えられるならデジタルなど捨ててしまってもいいと思います。デジタルに思い入れをもつ必要はない。なんでもいいから、図書館が新たに展開し、人々が予想していなかったことを生み出すことができるように、それぞれ得意な方向で労力を割いたほうがいいと思います。

図書館のICT推進の壁と課題

山崎　私がデジタルアーカイブを始めたのはもともと工学系の学科出身ということもあるのですが、県立図書館に異動したときに、貴重な資料がたくさんありました。しかし一九九四年にある方がこの資料を閲覧にこられたら、「この資料は閲覧できない」と先輩が言うんです。理由と聞くと「貴重だから保存のため見せられない」。ではほかの方法で見せることができないのかと思って、九六年に資料のデジタル化とウェブ公開を公立図書館として初めておこないました。当時、図書館内では「誰もやっていないではないか」という意見がありました。誰もやっていないことをやるのは公務員の世界ではありえないということです。私は「もう数年たてばみんな始めます。そのときではもう新しいとは言えなくなる」と原田先生が話されたのと同じことを言った記憶があります。

原田　そうなんですよね。流行に乗るという話は流行になった時点でだめ。そういう意味では難しいですね。

山崎　そして流行に乗らなかったら、その後はもっと大変なことになる。

原田　流行に乗るということも当然重要ですけどね。いまで言うとスマホに対応していないなんて、すでにオワコンですよね。ただ、それに対応すればいいというものではなくて、プラスαが付け加えられるものであってはじめて意味があると思うんですね、それがなければ面白くない。

山崎　すでに起きていることをそのままやるだけでは、単なる模倣です。

原田　その意味では、現状認識をきちんともつことは重要です。自分だけの感性ではなく、社会全体がどのレベルやイメージにあるのかを把握するというか。私自身、いま反省しているんですが、これは当たり前だから言うのはやめておこうと思うことがありました。ところが、しばらくしたら世の中では「あーこれまだまだ全然当たり前じゃなかった」。もしあのときにもう一踏ん張りして、もっといろんなことを言っておいたら、面白いことになったかもしれないと。

山崎　原田先生と話していると「これはよく当たり前」という言葉を聞きますが、一般の図書館員からみればあまり当たり前ではないと思うんですね。

原田　その当たり前という感覚は私にとってもとても難しいですが、非常に重要ですよね。当たり前というのが、ここまでが当たり前で、どこまでが当たり前でないのか感じることができるために勉強する。当たり前をきちんと認識して、そこから少しだけ踏み出したものを生み出していくことが必要だと思うんです。新しいものだけ好きというイメージがどうしても出てしまいますが、そしてそれはとても重要な話ですが、それだけではだめです。きちんと評価するというのがなかなか難しいんです。ただ、図書館の現状をみているとちょっと先走るというか、勇み足くらいのほうがいいのかもしれませんね。だって、日本人の図書館像は非常に古いイメージで固まっていますし、多くの図書館の現状の活動にも後ろ向きといったら変ですけど、現状維持の世界のように感じるところがあります。現状維持は予算を削減しようということにしかつながらない。これは図書館に限らず、ビジネスの世界では常識ではないでしょうか。新しいことをおこなわないのであれば、予算を削減して従来と同じものをやりなさいと言われるのが世界の常識。シムシティの世界です。現状維持の世界に住むのがいいのか、それとも面白そうだからだめでもいいから予算をつぎ込んでみようという世界がいいのか。後者のほうが、圧倒的に将来性豊かだと思います。そのためには、それが可能になるだけの、新しいものを見つけることができるための学びは必要でしょうね。

山崎　いま、いろんな図書館でアドバイスしていますが、「必ず予算」と言います。しかし予算が確保されれば、そのときはシステムを作るという問題以前に、企画とか構想というものが求められる。

原田　十の予算があるところで新しいことをするのに一の追加予算を獲得するためには、十の予算を維持するのに必要な説明の何倍もの説得力ある企画力・構想力と危機感が必要です。もちろん、タイミングがよくて新規予算を獲得するということがあるかもしれないけど。それをすべての前提として活動するのは邪道ですよね。そうすると新規のことをする予算がないなかで、なんとかする必要がある。それってビジネスでもよくある話ではないでしょうか。その場合、現状の予算の一部をなんとか工夫してテストして小さな結果を出し、それをもとにして説得力ある提案をするのもいいかもしれません。その意味で、どれだけ現状の費用を削って新しい活動をひねり出すかも大事でしょう。また、少ない予算と労力で説得力ある提案をするためには、少しくらいずるいことも必要かもしれません。企業や大学との連携というのも、一つの選択肢ではないでしょうか。何にしても、そのあたりは工夫というか企画力ですね。

山崎　組織として必要なのは企画構想力で、デジタルはツールとして使うにすぎません。どちらかというとＩＣＴを入れること自体が目的になっている状況もあります。それでは時間をかけてシステム構築をして、それで終わってしまうという問題が出てきます。

原田　そうなんですよ。それがいちばん大きいと思うんです。図書館はそういう意味では歴史的に大失敗したと、私は前から言ったりしています。かなり刺激的な論だと言われることもありますが、私は日本の図書館のいちばん大きな失敗は、図書館の機械化と書誌ＭＡＲＣ（機械可読目録）の導入だと思っています。特に後者について、図書館は、ＭＡＲＣを標準化して新たなサービスを生み出すという確固たる企画があったうえで導入したのではなく、省力化としてＭＡＲＣを導入した。それこそが、日本でのこの三十年間の図書館活動の最大の失敗だったと思います。

どういうことかというと、図書館は機械化とＭＡＲＣの導入によって、結果として人材と予算を失ってしまったと言わざるをえないと思うんです。図書館の機械化やＭＡＲＣの導入は何のためにしたかというと、単純作業や各図書館で共通する業務を合理化する意味がありました。これで、単純作業から専門知識をもつ図書館員を解放して、新しいサービスを生み出そうというのが図書館のシステム化だったはずですよね。私も授業などではその話をします。でも、それが実際にできたかというとそうではない。もちろん、新しいサービスを生み出そうとする活動もおこなわれたかもしれませんが、それが定着していない。少なくとも利用者には響いていない。その結果、起こったことは、単にカウンター業務の人が減り、目録担当者が減っただけになったのではないでしょうか。従来のカウンター三人が二人になって、それから目録担当者が二人いたのがゼロになって、この三人はどこにいったのかという話です。この三人が新しいサービスに転換していったのならば、これはよかったと思うんですけどね。しかし人が減って、予算が図書館システムの費用という形で固定化されてしまった。図書館システムにしても、最初は導入のためということで多額の予算がついていたところでも新しいサービスをおこなわないのだったら、当然削減対象ですよね。それって最低ですよね。

結局、新しいサービスというお題目だけはあったけれど、実際にモノになるという見通しが甘いままに始めてしまっただけということではないか。私は図書館システムの専門家ではありますけど、図書館システムの導入によって図書館は衰退したと言われても反論できないと思っています。

山崎　利用の拡大が当時起きたので、そこをシステムでカバーするということになった。それでベテランの職員たちの活躍する場所がなくなってしまったんですね。

原田　もちろん、図書館システムの導入によって貸し出し数が伸びたとか、ある程度は量的な拡大というものにつながったのはわからないでもありませんが、量的な拡大というのはいくらやっても決定的な評価にならない。先ほどから言っているような変化というものを人々に与えないかぎりは。単に量が増えただけだと、それは従来の延長線上にみえてしまう。そうすると図書館頑張ってる感があまりありません。

これは図書館システム導入の順番が間違っています。図書館がいままでとは違う新しいサービスを始め、それが人々に伝わり定着してから、その段階でシステムを導入して人を減らすべきだったんです。省力化をして余剰人員を生み出してから新しいサービスを作っていこうというのは、当然それができれば楽なんですが、ものすごくリスキーですよね。実際の図書館でも新しいサービスは定着したと言えるところまでいっていない。図書館以外のビジネス現場での新しいサービスでも、十個アイデアがあってもやっと一個成功するかどうかだと思うんです。どれかが成功した段階で、

「それをやるために人が必要ですが、もちろん全部ではなくて私たちも省力化を図ります。機械化をして合理化します」。これなら新しい予算を出すほうも乗りやすいです。サービス先行型で新しいものが生まれてから省力化をするという流れにならなければ、人がどんどん減っていく一方だと思っています。いまの状況というのは、新しいものを生み出さなかった結果として、新しいものを生み出しうる余裕がなくなるまで含み資産を減らしていった結果ではないかと。その意味では、いま図書館がいちばんやってはいけないのはサービスカウンターの人を減らすことです。サービスカウンターの人員を、自動貸し出し機の導入によって減らすということは、技術的には簡単にできますが、いまの段階でそれをするということは将来展望もなしに、含み資産を減らすだけになる。そんなことをしたら新しいところに投入するだけの余力が失われるだけです。余力がないと、次のことを考えることができなくなると思うんです。含み資産があるうちに新しいものを作らなければならない。図書館には、その残された時間が十年間ぐらいしかないとも思っていて。いまのうちに新しいものを作っていかないと図書館には絶対に将来はないと思います。私のイメージでは、ICTの利用はそのツールになるのではないかなと。

山崎　一般の社会にもICTは活用されていきますし、今後は図書館が必要ないのではと思われてしまう可能性はあります。

原田　図書館がアナログの分野だけを得意とするという将来像を提示しながら生き残れるならば、それでもいいと思うんです。だったら、アナログの分野が将来的にも求められ続けることを説明し続けないといけない。そして、「そのためには図書館に人が必要です」と人々にアピールする必要があるのではないでしょうか。いままでとは違う形での提案ができるなら、人を前面に出したサービスも面白いですよ。何でもいいから変化を示すべきだと思うんです。世の中は少しずつ変化していくのに、そのなかでの図書館の位置づけは変わらないで受け入れられ続けると思っているというのがいちばん最低だと、それをなんとかしなければいけないと思います。

図書館でのＩＣＴの可能性

山崎　まだ図書館自体にかなりアセットが残っていると思います。例えば本でもそうですし、地域の資料もある。人材やデータだってまだあるとすれば、これらのアセットを使って、ＩＣＴも活用するという展開はあるのではないでしょうか。

原田　あると思います。実際に諸外国でも図書館像は急激に変わっているといわれながら、少しずつの変化の積み重ねですよね。場所としての図書館もそうだし、コミュニケーションセンターもそうだし、電子書籍の提供もそうだし、それらは全部可能性を含んでいると思うんですね。ただ、どれが日本の状況にはまるのかは簡単にはわからない。全く別の発展形も当然考えられますしね。特に人々に見えるようにというか、可視化できるように人々に提供しようとする場合にはなかなか簡単にはいかない。そういうものが世の中に受け入れられて整備されていくためには人材が重要ですよね。それぞれの状況を客観視し、データに基づいて様々なアイデアを何とかして生み出していって、そして何とかそれをアピールしていくことができる人を育てることが必要ではないでしょうか。

山崎　「レファレンス協同データベース」（以下、「レファ協」と略記）を始めたときにそういう思いはありました。いまも新しい検索の仕組みを原田先生と検討しているのも同じ思いからです。図書館はある程度多くの人が利用してくれ、その資産がデータとしてある。もちろん多くの人が利用、といってもまだ住民の三〇パーセントを大きく超えているわけではありませんが。いろんな立場の人にサービスを広げていくと現行のままでは難しいことは間違いありません。

原田　もう一つ。レファレンス・サービスも面白いんだけど、広がりをもっているように思われていないというのが気になります。過去のレファレンス回答からの応用というものがなかなか効いているようにみえないのは大きい。量の問題もあるでしょうけど、それらが有機的につながって面になっていくことが必要だと思います。レファレンスを集めていくことが、世の中全体の探し方に結び付いていけば面白い。いまのままだと、いくらサービスして集めても、ごくごく一部の人しか使いにこないものという印象を与えるだけになってしまう。そこをなんとかしないと難しいと思います。

山崎　私も「レファ協」に取り組んでいたなかで課題の一つだったのが登録された事例、つまり知識をどう積み重ねて知恵に昇華させていくかということでした。一方で、各図書館から登録されるのは特異な事例です。この特殊な事例をほかで活用できるのか、それとも別の方法でどう活用するかという点が難しいと感じていました。

原田　例えば太宰治についての調べ方と、三島由紀夫と高木彬光についてが同じ調べ方ができるのかよくわからない。これは国立国会図書館の調べ方がマニュアルになっていくという話になるのですが。調べ方マニュアルはみんな苦労して作ったのに、あまり使われないですよね。使われなかったうえに労力ばっかりものすごくかかっていますね。結局 Google がすごかったのは、やっていることは単純に引用分析で、それがものすごい効果を上げているところです。図書館情報学者があれを作らなければいけなかったとも思います。その点では私もＩＣＴが得意だった図書館情報学者として忸怩たるものがあります。なぜ引用分析から Google のページランクにつながるサービスが思い浮かばなかったのか、いまも、すごく夢に出てくるくらいいやで、悔しい。図書館が綿々と築き上げてきたものが、もっていかれてしまっているというと言いすぎですが。

ただ一方で、あれを可視化する能力というのは自分にはやっぱりなかったかな。その意味で彼らはすごいと素直に称賛はできます。たとえ同じものを思いついたとして、自分の実験室で作れたとしても、あれを Google として展開するのとは大きな差があって。「この差って何だろう？」とも考えるわけです。先ほどの「レファ協」の話にしても調べ方マニュアルとして、まとめるところまでは図書館も少しは関われる。しかし、もうワンステップ先は何だろうというところがあって、それを次世代の図書館関係者にはものすごく期待しています。

妄想としては、Google とは違う形の将来があって、最後は Google を超えるのではないかとも。Google はある意味で引用の仕組みを使って作っているとして、そこでは意味解析というのはそれほど重要ではなかった。意味解析できない状況であのようなものを作れるということになってくると、「レファ協」のデータが数十万件集まって、さらに百万件のオーダーになり、このデータをもとにしてＡＩで活用できないかとか考えるわけです。そのままで利用する場合、どうやってその切り口のポイントを設定するかという話になりますが、切り口のポイントがうまく設定できるならば面白い。「Yahoo! 知恵袋」のデータと「レファ協」のデータはどこが違うんだろうとか考えてとかね。もし、両者に知識の加工の程度が違うというところがあるのだとすれば、「知恵袋」のデータ一億五千万件だけではできないことが、「レファ協」のデータを足すことで可能になるのか。Google の目指す方向とは違う人間の知識の探し方を提供するような仕組みが作れる可能性はないだろうかとかね。それは Google がいまやろうとしていることに対抗するものになるかもしれないし、検索をベースにするのではなく知識をベースにするようなサービスにつながることができれば、それはとても面白い気がするんです。もちろんいまは単なる思いつきという段階にもなくて妄想というか戯言ですが、そういう画期的なものを形にしてくれるのが図書館から生まれればいいですね。

山崎　いまの「レファ協」は基本的にはデータベースですから、それをどう使うかという話を図書館関係者は考える必要があるのでしょうね。

図書館員に必要な認識と能力とは

山崎　私はいま、図書館にチャンスがきたと思っています。二〇一八年の著作権法の改正であまり知られていないのですが、ビックデータを分析・加工して活用が可能になったことは大きいですね。

原田　大きいですよ、ほんとに。そういう意味で言うと、次に必要なのはデータ解析できる人たちを図書館に集めてくること。それができなければだめだと思います。

山崎　このことはいろんなところでお話ししているのですが、初めて聞いたと言う人が多くて、実際の図書館サービスとリンクしているとあまり思われていない気がします。

原田　データの加工であるとかは図書館の役割だし、近い将来の飯のタネであるという認識をしている人は少ないですね。その意味では図書館協会自身が様々なデータを使う方向に舵を切ったというのは大きいと思うんです。一九八四年に、返却されたときに貸し出しデータを返却後に削除しろと日本図書館協会がいった件がありましたけど、この話はもうすでに事実上取り下げられていますよね。現在では図書館の世界で実際にデータを集めていいと図書館協会が言っていると私は個人的には認識しています。

確かに一九八四年には、日本図書館協会が定める個人情報保護の基準として、貸し出し業務へのコンピューター導入に伴う貸し出し記録は資料が返却されたらできるだけすみやかに消去しなければならないとされていました。でも二〇一九年に日本図書館協会の自由委員会が出したガイドラインでは、「統計上必要なデータを残す場合には個人情報を匿名化して、利用情報との結び付きを切る。資料管理の範囲を超える情報の収集や管理を伴うサービスを導入する場合には十分な安全対策を講じる必要がある」と書いてあります。これはすなわち、統計値で資料管理の範囲を超える情報の収集・管理をしてもいいということを意味しています。また個人情報の利用情報の結び付きを切ってさえおけば保管期間を超えて保管してもかまわないというように、日本図書館協会の考え方自身が変わってきたことになります。

二〇一九年だからまだ確かに浸透していないのかもしれませんが、各地に行って講演したときに、いまだに貸し出しデータは返却と同時に削除しないといけないと日本図書館協会が言っているんだと認識されている図書館員が数多くいる。それどころか国立国会図書館ではいまだにタイムラグ五週間で書誌データを提供しているという人さえいます。それはやっぱりちょっと古すぎる情報になるわけで、データを使って何とかしないといけないというのは自分たち自身の問題だと捉えてもらう、そういう意識をもってもらうことが必要だと思います。

デジタル化で世の中の何が変わっていくかという話も大事ですが、その前段階として自分たちが変わっていかなければいけなくて、どうすればできるのかという意識が重要だと思うんです。だから技術を知っているという話では、これらの制度的な話を基本的な情報として知ってもらうということを優先して教育したほうがいいのかもしれません。

山崎　現実の自分たちの図書館サービスとなかなかうまく結び付けられないのですかね。先ほどの著作権法改正にしてもピンときていないんです。自分たちとあまり関係ないというイメージになっている。この図書館協会の見解のある程度の変更というのも、この世界で仕事をしているかぎり当たり前に把握するべき知識だと思います。

原田　当たり前のことですね。それはやっぱり重要ですね。

山崎　それをどう実際のサービスに取り上げていくかという話になると、さらにわからなくなる。

原田　映画『ニューヨーク公共図書館　エクス・リブリス』（監督：フレデリック・ワイズマン、二〇一七年）で映画監督の主張の是非や面白さはともかくとして、会議のシーンだけを切り取って図書館員に見せたいですね。この映画のなかには、図書館の経営会議でお金をいつ、いくら取ってくるという場面がたくさんあります。さらに、図書館の各部署、様々なセクションでデータをもとに議論や会議をしている場面もあって、このあたりは本当に面白い。

どんな利用者がどのように動いていたか。図書の流れであるとか閲覧の本の配置データだとか、もしくは貸し出しデータだとか、図書館の活動をきちんと分析して、データに基づいた議論をする。こういうことが、なぜ日本の図書館のそれぞれのセクションでは、常識としておこなわないのかということだと思うんです。もちろん、一部の図書館ではやっているのでしょうけど、それが日本の図書館の常識ではないですよね。

これはコンピューターの話というよりは統計の話と言ってもいいのかもしれないし、データをどのように利用していくのかという話かもしれません。データの利用というものとコンピューターの利用というものは、ほぼリンクする話なので、これらをまとめて教えていかないといけないと思っています。

山崎　いまの図書館システムは統計というものを単純な数値データとしてしか出してこないものが多いですから、そこから自分たちがデータを分析して、有効なデータに作り直していく作業にまた時間をかけなければいけません。

原田　そしてもう一つは、そういう有効なデータを作っていくことを考えていない図書館がこれまでは多かったと思うんです。単に上司から求められたデータを作って提出すればいいというイメージがあるのではないでしょうか。

山崎　そうですね。貸し出し冊数と入館者数だけ出せばいい、実際の経営に生かせるというところまでになっていない。

原田　どのようにデータを自分たちのものにしていくのか、自分たちがそれらを使って何をするのか、それを考えていないのがいちばん大きな問題。そのことは結局、図書館のシステムの話どうのこうのというよりも自分の図書館の強みであるとか、もしくは図書館というのはどういう形でアピールしていくかということにつながるわけで、そちらの考え方のほうがシステムの話よりもはるかに重要だと感じます。

山崎　経営にデータを使うという視点がもともとプアですから、どうしても教育委員会に出すデータが貸し出し冊数など、数値上の評価になってしまう。そこにとどまらず、新しいサービスを作ることをもっと求めている人たちに、さらに的確なサービスを出すことにつながっていかなければならないということですね。

原田　そういう意味では、糸賀先生が言いだされたデジタルライブラリアン講習会というのは私が思ったよりも本質的な講習会だったと感じています。私はあのときに技術の話を中心とした講義をしすぎたかなといまになって反省もしています。糸賀先生が、経営の話と技術の話の両方をリンクさせるという教育を考えていたのに、十分に応えられていなかったかもしれません。

一応は、サービス展開なども考えて説明したつもりでしたが、技術的な側面から始めるにしても、その結果として経営に生かしていく話をもっとするべきだったと、ちょっと後悔しています。その視点が入っていれば、もう少し違う面でデータについての説明もできた気がします。ただ、難しかったのは、あの当時XMLを説明することから始めると誰もわかっていなかったので、その基礎知識の説明だけで時間がかかってしまいました。基礎篇の補講もしたのですが。そのあたりの設定はもっと工夫の余地があったのかと思います。ある程度の知識レベルをもった人々が集まってあの講習会をすることが有効だったと思います。デジタル関係の講習会というと、プログラムを組むことができるタイプの人向けか、基礎的な知識を教えるといういずれかに偏った内容になってしまうと思うんですが、そういう意味の両極端ではなくて経営の観点との結び付きを重視した技術論が重要ですよね。場合によっては基礎のレベルに関しては図書館でやらなくてもいい。ＩＰパスポートを取るということを前提に、図書館に関することを例題として埋め込んだ教科書を販売することのほうがよっぽど有効かもしれないと、いまは思います。

単純なＩＰパスポートの参考書ではなく、図書館に適したＩＰパスポートの参考書を作ることができれば、それで基礎は十分かもしれません。一方でプログラムを作る話は、これを全員がやる必要はない。プログラムだったら論理学とか統計とか、いまだったらExcelでもいいし、可視化するためのツール群もたくさんあります。ちょっと極端ですが、いまは小学校でアルゴリズムを教えていますよね。あのレベルで十分かもしれません。Excelのマクロ程度ができれば、そこまでいかなくてもビジネス現場でサラリーマンたちが使っているＢＩツールなどが使えれば普通の図書館員としては十分です。もちろん全員がそのレベルでは新しいサービスには不足かもしれませんが、そういうことは、自分でプログラムを組むことに面白さを感じ、また知識をもつ人々は一定数は常にいますから、そういう人々にやってもらえばいい。「Code4Lib Japan」に参加している人々とか。もっと広く伝えるべきは、実際にやらなければいけないのは技術を組むためのマネジメントの話であり、イノベーションとは何か、そういう話をやっていったほうがいいのではないかという気がするんです。そういう意味ではビジネススクールあたりの授業の話というのはとても近いと思っています。

新規での入学者募集をやめてしまったのですが、私が所属している同志社大学の総合政策科学研究科には技術・革新的経営専攻というのがあって、技術をもとにしてどのようにしてイノベーションにつなげていくかを中心にした修士・博士一貫制の課程でした。こういうものが図書館員にいちばん求められているのかなという気がします。

山崎　必ずしも図書館員だけでやる必要はありません。企業や詳しい人もいるので、むしろそういうことをうまく使うマネジメント能力が必要だと思います。その話でいくと、ＩＣＴの分野だけでなくほかのサービスに共通すると思います。図書館員があらゆる分野で、いつも技術の最先端にいるわけにはいかない。そこに多くの時間をかけているわけにもいかないですから。特に小さい図書館は少ない図書館員で、様々なサービスを考えていくことが求められます。そこでは外部の協力者を活用していき、その力を活用するための構想を立てる力が図書館員にとって基本的な能力になると思います。

原田　そうなんですね。世の中でうまい仕組みだなと思うのは、自治体などでＩＣＴに関しての支援、助言をするＣＩＯ補佐官（情報化統括責任者補佐官）という存在です。つまり技術のプロであるＣＩＯ補佐官は組織外から雇用すればよくて、業務のプロであるＣＩＯが補佐官からのアドバイスを受けて意思決定する。ＣＩＯは補佐官と話をする知識があればいいだけで技術のプロである必要はありません。なのに、図書館のデジタル講習会というと、ＣＩＯを育てるのではなくて、何か補佐官を育てる基礎のような技術中心の内容になってしまうことが多いように思います。ちょっとずれているような気もしますね。

山崎　現在、日本のほとんどの大きな自治体は、企業からＣＩＯ補佐官を連れてきていますね。

原田　ＣＩＯに政治家的なタイプを連れていくとろくなことにならない。しっかりマネジメントできる人を連れてこないと実際にだめなんです。ＣＩＯはマネジメントというか、その事業そのものをわからないとだめですし、ＣＩＯ補佐官のように技術しか知らない人をＣＩＯにするとうまく動かない。

山崎　一つの分野にあまり入り込んでしまうと、それが中心になってしまって混乱します。やっぱりキーマンとなる現場に関わっている図書館員がしっかりサービス目標を作り、周りの人を使っていく能力があれば次のステージに図書館はいくと思います。基礎的な図書館員としての能力以外の外部とのマネジメント能力が足りていない。これがいまいちばん必要な教育ではないでしょうか。

図書館の危機

原田　そうだと思います。いかに現在の図書館に危機感をもつかが重要だと思います。危機感というのはうまくいっているときでも意識していないとだめだと思うんです。図書館が次に何をすればいいのかについて想像力をはたらかせ続ける力を教えることが大事ですよね。

山崎　想像力をもつ、危機感をもつには、現行のサービスについて一度否定してみなければいけない。現行のサービスをこれでよしとしてしまった段階で、新しいサービスに向かう危機感なり意欲が足りなくなってしまう。もう精いっぱいこれで頑張ってるんだから次に向かうのは難しいとなる。

原田　そうですね。実際にはもう頑張っているという話は無意味だと思うんです。極端に言うと、「前向きに」とか「頑張っている」という話は報告書や説明では禁止用語にしているほうがいいのではないかなと思っています。でなければ頑張ったらOKになる。それは言い訳につながってしまいます。

それから、いまの状況だけで何かを判断するのもだめで、どう変わったら何が変わるかという想像力も大事だと思うんです。例えば電子書籍は、いまはジワジワとしか伸びていませんが、安ければどんどん普及すると思うんです。いまは高いから売れないだけ。電子書籍が嫌いだとかいう意見もよく聞きますが、それが本質かなあと。いまは紙のほうが安いこともあるだろうけど、アメリカでKindleストアがオープンしたときのように三千円の紙の本と千円の電子書籍があったらどっちを買いますか？

山崎　千円ですね。

原田　古本は嫌いという人はいると思うんです。でも、古本を全部百円にしたら多くの人は買うでしょう。そういう意味から言うと、電子書籍が百円で紙が千円だったらそれも明らかだと思うんです。そしてそれが可能かというと、可能になってしまう世の中になっていくのではないかと思うんです。前にもお見せしましたけど、日本の五十代の人というのは電車内でのスマホの利用率は、もう四十代以下とほとんど変わらない。もちろん四十代よりちょっと少ないですけど、三十代、四十代、五十代がほぼ競っている状況で六十代以降がぐんと減るというのが、現在の電子メディアの利用実態ということがわかっているんです。とすれば、いまから三十年後には五十代の人は八十代ですよね。そうすると三十年後には、ほぼすべての人がタブレットで本を読めるスキルをもつという環境になる。その状況のもとで、電子書籍の売り方が大きく変われば社会はひっくり返る可能性さえあると思います。

これも以前山崎さんにお話ししたことですが、日本の電子書籍がどうなのかを考えたとき、いま雑誌を除いた書籍の売上高というのは二〇一八年で六千九百億円、このうち紙の印刷経費、流通経費、それから委託販売制度によるバックがあります。それらが、ざっくりで三〇パーセントが経費としてかかっているとします。そうすると電子書籍でそれが全部置き換えられるなら、いまと同じだけ書籍が販売されるとしたら約四千五百億円から五千億円で出版社はやっていけますよね。紙の本はいま売れなくなっていますから、もうちょっと下がります。あくまでざっくりとした、そして大雑把な話ですが。

それで、現在、公共図書館に投入されている費用は、『図書館年鑑』（日本図書館協会）のデータなどを参考にすると経費の合計で約二千億円、そして人件費を年間あたり専任職員が八百万円、非常勤臨時職員が三百万円、委託職員が二百万円としたとき、実際もらっているのはもっと安いですけど例えば専任職員だと退職金積立金であるとか、国民年金や通勤経費など全部含めるとこれぐらいもらっていますね。そうするとこの人件費合計で千六百億円。これに場所としての図書館の建物代その他を含むと四千億円は超えると思うんです。

それなら、単純に考えると公共図書館を全部廃止して書籍を日本国民全員に電子書籍として無料配布したら、これでもって話が終わるという、ものすごく乱暴な話も検討の土俵に上りかねません。

図書館が本を提供する拠点としての役割しかもたないとするならば。だって、全員がすべての図書を読めるんですよ。これに大学図書館とか教科書とかも入れたら、本当にペイしそうですよね。もちろん、これには反論もいっぱいあるでしょう。例えば児童サービスをどうするのかとか、いろいろありますけど、でも単純にこうなるという計算も成立するところまできているのが現代だと思います。

『中小レポート』のなかでいう全域サービス、貸し出しサービス、利用者に資料を届けるというのがいまも図書館の売り物だとしたら、いま図書館が売り物にしている資料を提供する役割そのものというのは代替されてしまう可能性があるというわけです。前にも言いましたが、重要なことは図書館へのイメージで、「図書館の役割は資料提供だ」という認識は正しくなくても、人々が図書館に対して期待していることが資料提供だけ、もしくは資料提供が中心ならば成立しそうに思いませんか？　もしそうなったら、二〇五〇年には図書館がなくなっていてもかまわないと人々は思ってしまわないでしょうか。資料提供だけを売り物にしている図書館なんていらないですよね。この議論は乱暴であることは百も承知ですけど。

そうではないことを図書館はいま言わなければいけないと思います。そして、実際に図書館はそういう存在ではないと私も思っています。様々な資料を提供するときの拠点としての役割をもっているし、レファレンスもそうですが、そこに集まる場所としての意味、資料に関する各種の情報の付加、情報の交通整理などいろいろあると思います。ただ、それが世の中に浸透していかないかぎりはだめだという危機感は相当もたなければいけない。危機感の源というものはもっていてほしいですね。紙の本の意味や価値に全部依拠しているというなら、図書館は存在意義がなくなる危険がある。「紙の本の価値がなくなったら図書館はいまどんな意味あるんですか？」と、もう喉元まで突き付けられているのと同然で、三十年はすぐたちます。だって、ティム・バーナーズ・リーによってウェブができたのがたったの三十年前ですから。

山崎　単純に市販されている資料という意味であれば、もう置き換え可能ですね。

原田　へたをしたら、出版社はさっきの案に乗るとさえ思うんです。出版社は何もしなくても税金からいまの売上高を保証してもらえる。いま、出版社は苦しいと言っていますが売り上げは確保されてしまうわけで、とんでもない、もっと安くしても乗ると思う。へたをしたらいますぐにでも乗り換え可能なのではないでしょうか。国立国会図書館全部がプラットフォームを作ってしまうと言えば。

山崎　それは、現行の公共図書館のサービスがこれだけではないことを示さないといけないということですか？

原田　今日のお話で何度も繰り返していることですが、重要なことは図書館界や図書館員がどう思っているかではないというところだと思うんです。問題は何かというと、人々が図書館、特に公共図書館をどういう存在だと思っているかという点です。つまり図書館がどうこうではなく、人々が図書館をどう思っているかが重要で、そういう意味から言うと、一九七〇年の『市民の図書館』（日本図書館協会）以降の長い年月をかけて、図書館は人々に「資料を貸してくれる施設」だという意識を強く植え付けてきたことが最も深刻かもしれません。図書館の役割が資料提供以外にも大きいのだという意識に変えてもらえるかが勝負で、固定されたイメージを変えるのは結構厳しい道だと思うんです。いまのうちから人々にそれを植え付ける活動をしなければもう間に合わないのではないかと私はとても危機感をもっています。

山崎　この話は前から聞いていましたし、周りの図書館員にも紹介したのですが、みなさん数字で表されるとびっくりしますね。そういう状況なんだと。まだあんまり危機感というものがもてないのではないですか。リアルに言えば大勢が公立図書館に来館して、一見そこにたくさんの人がいるようにみえるけれど実際の住民の二〇パーセントか三〇パーセントしか利用していない。完全に住民から支持されているわけではない。

原田　これも、もう何度も話していることですが、実際問題としてこの、いまの生活で子ども以外がどれくらい文字を読んでいるかを考えたら、スマホや携帯電話、それにタブレット端末で読むのと同じくらいではないかと思うんです。いや、もっともっと下かな。しかも、スマホや携帯の普及率はすでに八〇パーセントではすみませんよね。だとしたら、いますぐでも実験くらいは始めても不思議はないですよね。年収いくら以下の世帯に関してはタブレット端末を配布してしまうとかね。「Amazon Unlimited」が大幅拡張されたようなものが提供されたとして、蔵書数数万冊の公共図書館が本当に勝てますか？　「新しい本が」とかいろいろなことを言っても、そんなの工夫のレベルの話じゃないのではと思います。本質的に勝てますかねえ。

山崎　すでに学校では、全員にタブレットを配ることは進んでいます。

原田　学校に全部配る。それで子どもがいる家庭には少なくとも一台でしょ。大量に調達すればコストも下がります。そうやって端末が確保できたとして、提供側にしても百億とか二百億程度かければ、国会図書館が前にやった続きのデジタル化もかなり進みますね。売れない本で商売ができるなら出版社にしてもどうなんでしょうねえ。図書館の貸し出しに公共貸与権を導入してほしいという話よりも抵抗は少なそうですし。図書館はともかく少なくとも行政とか議会の抵抗という意味では。もちろん、簡単な話ではないのはわかります。でも、出版社との条件闘争になってしまうとしたら、その時点で図書館は戦略的に敗北でしょうね。

前に言いましたけど、自分が住む町の図書館の数倍の書籍が全部無料で読めるという状況になったとき、いまの利用者がなおかつ紙の本を読みたいので図書館が必要だと言ってくれますか？　紙の本だからということではなくて、新しい本が無料ではないからいやということはあったとしても、それっていまのＣＤと同じような状況かなと。ＣＤも売り上げがものすごく少なくなっていますが、音楽を聴くこと自体は「YouTube」と「MP3」配信まで含めるとトータルで増えています。ＣＤでないと音質が落ちるとか気にする人も多くはないです。それと同じことが起きる。新しいビジネスモデルが成立してしまえば、昔ながらのモデルが続くかどうかは付加価値があるかどうかになる。ＣＤレンタルもビデオレンタルも廃れているなかで、紙の本だけが例外になるでしょうか。図書館には無料という付加価値があるとは言えるでしょうが、図書館をなくせば無料で電子書籍が読めるという提案に将来的にも勝てるでしょうか。

山崎　ＶＲ（バーチャルリアリティー）空間のなかで本を読むことになれば、紙の本と何も変わらないイメージですね。

原田　だからもうイメージとしてはレンタルビデオショップと同じだと思わなければいけないのではないかと。図書館はレンタルビデオショップとは違うというのは簡単ですが、人々が図書館をレンタルビデオショップの本版だと思っていないか。人々が図書館を無料のレンタルビデオショップと同じと思っていたとしたら、それは単にコストを誰が負担しているのか、税金なのか個人負担なのかという違いだけですから。

山崎　一部にはそれに対応する図書館も出てきているわけですが、試行的なものも多いでしょうけど。人との出会いの場であったりもする。あるいは市販されている本ではなく地域の資料も置いてあるのが図書館の役割、など様々な機能というのはもっていると思いますが、それをメインだと言ってこなかったというのがあると思います。

原田　やっぱり人の感じ方ですよね。図書館評価のときにアウトプットを中心としてアウトカムを考える必要があると言われながら、まだ深刻さはみんな全く感じていないですよね。ついでに言うと利用者の評価だけではなくて、利用しない人がどう感じているかという事柄に対して、もっとセンシティブにならないといけない気がします。

山崎　少しずつはおこなっていくと思うのですが、もっとアクティブにならないと生き残れないわけで。

原田　もちろん少しずつ変わっていくと思いますし、この三十年間で大きく変わってきたと思います。ただこの三十年間の変化と同じ程度の変化しか起きないとするならば、三十年後はもうないと思います。

山崎　CDの変化も劇的なものでした。十年というレベルで提供方法が大きく変化しました。たぶん図書館はそのスピードにまだ追いついていないわけですね。

原田　だからGoogleに相当するようなものを作るくらいの覚悟がないと。少し言いすぎですけどGoogleのなかの一つのサービスに相当するものでいいから、図書館全体として作ることができなければもう図書館はないと思うんです。それでは不十分かもしれないけど。だから現状に満足している図書館員たちをみると、図書館に対しての将来展望はかなり悲観的なものしかみえない。もっと深刻にもっと真剣にもっとアイデアをひねり出せと。もちろん、それが一人ではだめです。私も一人では全くもっていいアイデアが浮かばない。ただ、みんなで考えていけば動きそうな気もするんですね。人ってすごいと思いますよ。

イノベーションというか、変えていくには図書館に興味をもつ広い範囲の人が大勢ほしいです。図書館員で動きがあればいいけど、図書館と違うところから面白いことが出てきてもいい。図書館が好きで有能な人、たくさんいるような気がしています。さっき言ったように、もちろんそれがICTでなくてもかまわない。「図書館は絵本だけのセンターです」で生きていけるならそれもOKだと思うんです。絵本を作るのはとても面白い。絵本は三十年後に世の中を変える。そういう存在になっていて人々が集まってきて絵本を作るのも全然OKだと思うんです。私がいま思い浮かばないような何かでもかまわない。いまと違うものを作ってほしいなと思います。

山崎　結局、図書館関係者だけでは考えてもしようがない。多くの人に気づいてもらって協力してもらわなければいけない。図書館の周りにいる方々も含めて現行の図書館を革新していかないともう二十年すると価値が低下していく、これは確かなことです。

原田　最近、感じているのが、図書館好きな人は文系理系を問わず予想以上に多いということです。例えば、私にとってはブラウジングとデータ取得のためのスピードを比べたら、データ取得のためのスピードのほうが重要。簡単に入手できることが重要だと思っているんです。でも、図書館のブラウジング機能をものすごく高く評価しているというか、強く意識している人もいらっしゃいます。私が感じている以上に図書館というものに強いシンパシーを感じている人って、結構、出会います。そうならば、そういう人々を巻き込むことができるムーブメントをつくらなければだめだと思うし、そういうものをなんとかしていくことが必要だと思います。しかし残念ながら、自分自身が向かっていないから巻き込むというほうに向かっているわけでもありません。

山崎　効率性だけではない。確かにブラウジングというのは効率性とはちょっと違うもので、自分が探すことにかけた努力、それと結び付いていくことはある。いろんな商品を山積みにした総合ディスカウントストアは圧縮陳列していますが。要はばらばらに置くと探すのに時間がかかってしまう、そうすると買っていかないといけない気持ちになる。それが図書館とは無縁ではない。探すこと自体が楽しいみたいな。

原田　そうなんですよね。食料品・雑貨店にしても総合ディスカウントストアにしても面白いですよね。情報提供の方法としても、あれはあると思います。そういう視点で言うと、図書館がああいう方向をとるというのも一つの選択かもしれないですね。違うかな。

山崎　自分で面白いものを発見していくということを、あえて一部に設定していくこともあるかもしれません。

原田　ただ、その場合に図書館は王道を捨てることになりますね。それをよしとするか、そうでないかという問題はどうなんですか？　先ほどからユニークなとかインパクトが、という話はしたのですが、単にインパクトだけではないとも言えますよね。世の中的に有効なのかもしくは役に立つのかという観点というか、多数の人々に受け入れられなければいけないということもある。

図書館がもっている役割にはもっと普遍的なもの、もしくは汎用的な役割というのがいっぱいあって、そういうものを提供する組織である必要はありますよね。そのうえで、従来と違うインパクトを与える必要があるというのが難しいというか。でも重要ですよね。

山崎　それは図書館がもともともっている狙いです。図書館に人がたくさん来館すればいいということではない。

原田　そうなんですね。これをどのようにしてアピールできるのかというのが重要で、アピールというとコマーシャルだけのイメージがありますけど、重要ですね。

山崎　広報ですよね。CMではない。広報というのはパブリックリレーションズとして考えるといろんな方とのつながりをつくっていく力。この部分も図書館員がかなり足りていないと思います。ICTサービスだけを考えてもしようがないのかなと思っていて、企画する力だったり広報能力だったりいろんな力がなければICTサービスは生きてきません。

原田　それはそうですね。

山崎　複雑な能力を組み合わせることによってICTを生かしていくというほうにもっていかない

と、コンピューターに詳しい人を外から連れてくれば終わるという話になってしまう。いままでのサービスものを踏まえて次に何をやりたいかというのを考える力、そのためにはいくつかの能力が必要でそれが企画力だったり、デザイン力だったり、広報能力だったり、ICTに関する知識だったりを複合的にもたなければ、役に立たなくなっていってしまうのではないですか。

原田　図書館員にICTの能力が必要だという話で、図書館特有のICT知識が必要なのかというと、それは違うかな。それよりは一般的な企業の経営者であれ、様々な機関の意思決定者たちがICTというものをいま生かしていかなければいけない時代だからこそ、図書館員も最低限の知識をもっていなければいけないのと同程度のものが必要だということになる。

少なくとも企画を立てる人や管理職の人々などはいろいろな分野でICTを使っていて自分の分野で何をすることができるかというのを強く意識していると思うのですが、でも、図書館員の場合は何か他人事というか、そういう自分の仕事とつなげようという意識が特に欠けているように感じませんか？　そのために目立ってしまっている、こういうことではないかなと思うんですね。

逆に言うと図書館に関して必要とされているICT能力として、図書館が情報という言葉に近いところにあるから何となく情報に関してものすごく高い能力が必要なように思いますけど、そうではなく、通常の意思決定に必要なICTの知識と同じ。ICTの知識よりも必要なものは、自分の主分野としている図書館の役割であり、また新たな展開であり、アイデアの創生と実現であったりする。

山崎　最後にまとめもしていただいたようで、ありがとうございます。私も共感します。我々も年が少し増してきましたが、もう少し頑張らなければと思います。

原田　難しいんですね。どこまでかという話は。

山崎　私は原田さんよりも年上で、できることに限度があることは日々感じています。しかし自分でいまできることをやるしかないのかな。今日の対談もそのための一歩としておこなったわけですが、すべてをすぐに変えることはできません。しかし自分が関係できる範囲では変わってほしい気持ちがあります。そして物事をほかの分野と比較してみるとよくわかりますね。図書館は、もうちょっといろんな分野と比較したらいいですね。

第6章　学校図書館の課題とこれから

神代　浩［量子科学技術研究開発機構監事］／
中山美由紀［立教大学兼任講師］／
山崎博樹［知的資源イニシアティブ代表理事］

お二人とは、図書館サービス向上委員会（りぶしる）の事業を通じて、図書館総合展のセミナーや学校図書館に関する仕事でご一緒しています。本章は、ＳＮＳ（会員制交流サイト）などを使って私から神代さんと中山さんに質問して、それにお二人が答える形で作成しました。このように新しいメディアを使いながら鼎談をおこなうことになりましたが、学校図書館について日頃から論じているお二人の話の熱意は変わりません。

学校図書館の最大の課題

山崎博樹　学校図書館については、関係者の不断の努力で徐々にその必要性や役割に対する理解が進んできているように思いますが、その一方でまだまだ課題も多いと思います。いまの学校図書館が直面する最も大きな課題は何でしょうか。

神代　浩　やはり学校図書館が、学校のなかでまだまだ認知されていないことだと思います。児童・生徒に利用されるよう様々な努力を重ね、一定の成果を上げていることは認めますが、さらに前に進むためには、あらためて校長をはじめとする教職員に利用してもらうことを考え、実践する必要があるのではないかと、前々から感じています。

中山美由紀　校内の見える化ですね。学校図書館は、他学年、他教科、他学級の活用実践を校内だより、または図書館だよりに載せて自分の学校の教職員に知らせているでしょうか？　あるいは、校内の会議などで授業での利用時間など活用実績を報告したり、図書館研修したりする機会をもっているでしょうか？

東京都狛江市立緑野小学校は、学校図書館のスケジュールを二週間分前倒しで教職員に配布していました。もともと授業活用が多いので、何月何日の何時間目はどこのクラスがどういう活用で使っていくかを全教職員に周知して、授業進行による変更が生じた場合の相談にも応じていました。

私も職員室に簡単な学校図書館利用ボードを設置して、今週と来週の二週間分の図書館の時間を示し、取り消しや追加が生じた場合にはクラス名を書いたマグネットを移動してもらって、変更に応じていました。いまなら、Google カレンダーでできるかもしれませんね。可視化すると先生方も「お、そんなに使われているのか、じゃ、ウチも！」という感じで、連鎖反応が起きやすいです。

神代　特に校長には「自分は学校図書館長でもある」という自覚をもって、学校図書館の充実に本気で取り組んでいただきたいです。

鹿児島県鹿屋市立東原小学校長の福井久善先生は、自ら肩書に「兼学校図書館長」と追加して、学校図書館を中核に据えた学校経営を実践しています。

そこまでいかなくても、学校図書館に理解がある校長の話をうかがっていて「この人はまさに学校図書館長だ」と感じることがあります。そんな校長を増やしていきたいです。

学校図書館の地域での可視化

山崎　やはり学校長の役割は大きいですね。教科にもよりますが、校長を含めた教職員の側に学校図書館の活用という意識がまだまだ足りない状況があると思います。

その一方で、学校図書館は学校内にあるため、公共図書館と違って外部からその必要性を理解してもらうことが難しいという課題もあります。学校図書館の存在を自治体住民に可視化するにはどのようなことが考えられると思いますか？

中山　例えば、自治体の広報に学校図書館の紹介記事を継続して掲載できるといいですね。担当教職員が子どもたちへのインタビューなどを通して活用の様子を披露するのはもちろん、校長からも一言もらうといいです。それが難しい場合でも、学校教育関係の催しや市民の文化的な催しに学校図書館に関する記事や展示写真などで取り上げてもらうように関係者にはたらきかけると効果的だと思います。

神代　学校だよりには定期的に学校図書館コーナーを設けている場合が多いのですが、それだけでも一定の効果はあると思います。町内会の回覧板には必ず「学校だより」が含まれていますので。

また、SNSの活用がなかなか進まない学校現場ですが、学校図書館限定でアカウントを作成し、授業で活用している様子などを発信すれば、校内にも地域にも理解が得やすいかもしれません。図書館職員同士の情報共有にも役立ちそうです。

中山　年に数回、頻度はともかく、地域開放日を設けるのもいいかもしれません。訪問した地域住民のみなさんに学校図書館の使命と役割を紹介し、彼らの目で現状をみてもらって、これで子どもたちの教育に十分か、十分でないか、評価してもらうようにするのです。

神代　先に紹介した鹿屋市立東原小学校では、「親と子の二十分読書」運動を通じてまずPTAに学校図書館応援団になってもらい、それを発展させて地域への開放を進めています。地元農家へのビジネス支援までおこなっているのには、びっくりしました。

中山　図書館カフェ、一箱図書館、古本市、移動図書館、移動書店の開催など、学校図書館を核として地域を巻き込む催しを展開するのも効果的ですね。例えば石川県白山市の松任中学校では、学校図書館を会場に中学生とＰＴＡでビブリオバトルを実施しています。(1)

逆に、コミュニティースクールなどの催しに学校図書館が場を提供するというやり方もあります。三重県松阪市立香肌小学校の図書館では、地域開放型図書館として「本拠かはだ」という看板が出ていて、コミュニティースクールのコーディネーターが学校側の依頼を受けてアレンジして、地域の人たちの話を聞く場に使っています。(2)

外部に開かれると、管理職の目が学校図書館を放置できなくなって、環境をちゃんと整える、予算を回すなど気を使ってくれるようになるかもしれません。

神代　コミュニティースクールも徐々に広がっていますが、ぜひそのプロセスに学校図書館が組み込まれるよう、はたらきかけてほしいです。そうすることで、学校図書館がいい意味での「外圧」を利用できるチャンスが増えると思います。

連携先である公共図書館の理解

山崎　中山さんから紹介があった白山市のビブリオバトルの映像を見ましたが、ＰＴＡだけでなく地域の人が参加していました。生徒の発言のレベルがとても高かったのが印象的でした。このように地域とともに学校図書館が役割を果たすことは今後求められていくと思います。特に図書館と公共図書館は互いに協力しあい、それぞれの役割を果たす必要があると思いますが、公共図書館側として、どんなことができると考えますか？

中山　先の話題と関連しますが、子どもたちの学習成果を保護者だけに伝えるのではもったいないです。学校図書館の仕事の成果として、地域住民にも見てもらえるような仕掛けがいると思います。

例えば、公共図書館を会場として、学校の教育活動を展示・掲示するなかで学校図書館の関わりも紹介してもらうようにする。特に優秀な成果については、児童・生徒の発表会としておこなうのもいいと思うし、学校図書館の成果を自慢するような企画もできるといいですね。岩手県紫波町や白山市のような「図書館で調べる学習コンクール」の優秀作品の公共図書館展示は、まさにその好例です。

神代　中山さんと一緒に訪問した宮城県大崎市図書館では、ティーンズ向けのエリアの一角に、地元の高校とコラボした展示コーナーが設けられていますね。各校でどんな活動に力を入れているのか、そこに図書館がどう絡んでいるかがよくわかります。

中山　生き生きとした展示コーナーになっていましたね。毎年、学校図書館の紹介、今年度の取り組みの目玉の展示・掲示、写真展などを公共図書館だけでなく、市役所、町村役場や出張所、保健所、公民館などでおこなってもらえないでしょうか。その際に、蔵書構成、貸し出し数、授業利用時間など学校図書館の基本情報も公開するのです。

神代　その際、自治体ごとに基本情報、年度計画などを記載するフォーマットを決めておいて一枚のパネルにまとめ、毎年度更新できるようにしておくと伝わりやすいですね。

中山　ブックスタートに公共図書館のススメだけでなく、学校に上がれば学校図書館も待っているというメッセージを、児童が読書を楽しんだり、学習で調べたりする写真と一緒に伝えてもらうのもいいかもしれません。未就学児への学校図書館開放デーを設ける手もありますね。保育園・幼稚園の子どもたちに近くの学校図書館訪問の機会を設けるのもいいかもしれません。

山崎　その一方で、公共図書館側には、連携でなく一方的な支援と考えてしまう職員もいるのではないでしょうか。

神代　あるイベントで、公共図書館の職員が「なぜ公共図書館が学校図書館を応援する必要があるのか？」と挑発的な問いを投げかけているのに出くわしたことがあります。彼の真意は、「公共図書館に支援を求める前に、まず自分の学校図書館の資料を増やしたりサービスを向上させたりするのが先ではないか」ということだと受け止めました。そのとおりだと思います。「ここまではそろえられるけど、あとこういう資料が足りないので支援してほしい」といった相談の仕方が求められるのでしょうね。

中山　学校図書館の自立ですね。毎年同じ資料を借りにくるなよという（笑）。コレクション形成の問題です。学校図書館での人員配置の影響もあるでしょう。司書教諭がほかの校務も担当していたり、学校司書が複数校の掛け持ちだったりする、あるいは一人職種の少数派で校内予算が確保できない、選書の目配りがしきれないという状況がほとんどでしょう。それを別にしても、学校図書館員としてのプロ意識の低さから、自立できないという状況もあると思います。学校司書の雇用のときの資格要件にも関わりますが、学校や公共図書館からの指示を受けてそれだけをこなすのでいいと思われている可能性がある。それではまだおこなわれていない仕事は見えないし、指示範囲をこなすだけで終わってしまいます。司書教諭は兼務である場合、学校図書館運営のための時間を割くことが難しいですし、そもそも学校図書館の仕事を自分の仕事と認識していないと、前年どおりとか指示待ちになりやすい。もっと、クリエイティブに仕事して、楽しんでほしいですね。

山崎　公共図書館側の問題は何かありますか？

中山　学校図書館は図書館として未発達で、手を差し伸べるべき対象と思っていませんか？　実態がそうだとしても、職員の経験年数と館種の混同は避けてくださるとありがたいです。新人に手を差し伸べるのは当然ですが、それは学校図書館に手を差し伸べることとは違います。また図書館的な物の見方だけでは学校文化は理解し難い、という学びの姿勢が公共図書館側にも必要だと思います。学校側のニーズに十分応えられているかは、学校を介してしかわからない。そこには学校教育への理解が必要なはずです。ただ資料を貸せばいい、ただ出張お話し会をすればいいのではなく、学校のどの文脈に沿うと効果があるのか、逆に学校図書館支援は公共図書館のどのミッションに沿うサービスなのか、といったことを一緒に考えていけるパートナーとして認め合うことが必要なのではないでしょうか。

神代　公共図書館は、学校図書館への支援を「学校教育への支援」なのか「学校図書館への支援」なのか、どちらと捉えているのでしょうか。もちろん両方であって全くかまわないのですが、可能なかぎり学校図書館を通して支援する、人員配置などの関係でそれが難しい場合に限って直接教員相手に支援する、といったこだわりをもってもいいのかもしれません。特に後者の場合、「学校図書館にきちんと職員が配置されていればもっとスムーズに支援できるんだ」というメッセージを伝え続けることで、側面から学校図書館を応援する効果も無視できないと考えています。図書館未設置の市町村に対する支援と共通する部分もあるのではないでしょうか。

山崎　公共図書館の児童サービスと学校図書館への資料提供とを一体化するという提案もあります。私は賛成ですが、お二人はいかがですか？

神代　一つのアイデアとしては面白いと思います。先ほど中山さんからブックスタートの際に学校図書館の紹介も盛り込むという話がありましたが、生まれてから大人になるまでの間、途切れなく図書館サービスを提供できるような仕組みを作るのは意味があることだと思います。

　ただその際、図書館同士だけで決めるのではなく、教育委員会が全体的なビジョンと役割分担を示してそれを双方が共有すること、学校図書館の自立と充実についても並行して進めることが必要だと考えます。

中山　そうですね。将来的には学校も公共も関係なく、地域の図書館としての学校教育支援を考えていくのがいいのかもしれません。学校教育が社会に向かうなら、なおさら、公共図書館には対応できるだけのキャパシティーの広さも要求されてくる。公共図書館のいい意味での学校図書館化ですね。公共図書館サービスが充実しているので学校図書館にはそんなに力を入れていないと感じられる海外事例も聞きます。

「図書館」という機能は何のためにあるのか。子どもたちへの支援は未来社会を支える市民の育成になるので、学校教育・社会教育の双方から、図書館がどういう子どもを育てていくかという視点でスクラムを組み、互いが互いのパートナーになってほしいです。長野県塩尻市立丘中学校が地域の戦争に関わる調べ学習をおこなった際に塩尻市立図書館が支援した事例は、学習支援をここまでしてくれたという好例です。学校図書館を通じて公共図書館が資料提供し、学校まで出向いて地域資料の案内をして発表のアドバイスもおこなった。最後は成果物を公共図書館でも掲示し、地元新聞にも報道されました。授業は信濃教育会で賞を取っています。(3)

このような事例を積み重ねることで、将来的には公共・学校図書館まるごとの「図書館振興」を双方合同で企画して実施できるようになるといいです。ポイントは、学校と公共の図書館同士をつなぐ専門職員を学校におけるかどうかだと思います。公共図書館のミッションと学校図書館のミッションの双方をよく知ってつなげられる人ですね。

学校司書の役割の明確化と待遇改善

山崎　学校司書は身分的に不安定で、十分な研修がおこなわれておらず、学校内の位置づけも低いケースがあります。それは学校司書の職務や役割が行政側にもいまだ十分に理解されていないことに起因すると感じています。例えば白山市のように学校司書の待遇と役割が明確化されている自治体では正規職員化の効果が出ているように感じますが、どう思われますか？

中山　白山市のような学校司書の正規化が理想でしょうね。合併前の新潟市がそうでしたが、あまり知られてはいませんでした。合併して非正規になってしまったところは多いのではないでしょうか。学校司書の一部に正規職員がいる市川市は退職補充されていませんので、全員の非正規化はカウントダウンに入っています。合併しても正規を守ったところが白山市以外にあるのか、私は知りません。白山市は正規化をどう説得させていったのか教えてもらいたいし、広めてもらえたらよかったなあと思います。

神代　私も白山市には行ったことがないので、残念ながら詳しい事情はわかりません。学校司書に限らず自治体の正規職員はどの分野でも減らされてきていますから、行政側が必要性を感じない職種は増えませんし、仮に必要性を理解したとしても、外国語教員のように非正規採用か、民間業者に委託、派遣などで対応する場合がほとんどだと思います。少なくとも行政側に学校司書の必要性を十二分に理解してもらう必要があります。そのためにも、学校司書のみなさんが児童・生徒だけでなく、教職員に学校図書館を利用してもらうようはたらきかけなければなりません。学校図書館の有用性を実感できた教職員が教育委員会に異動すれば、行政側で学校図書館の応援団になってくれます。そんな教職員を少しでも増やす努力が求められます。

山崎　高校図書館についてはいかがですか？

中山　都道府県で状況が全く違います。県立図書館と同じ司書枠で学校司書を採っているところのレベルは高いです（鳥取、島根、長野、山梨、神奈川、埼玉、福島など）。それに対して、助手制度をとっているところ、学校事務職員を充てているところもありますが、あとから司書資格を取るなど個人の頑張りに負ってしまうので、職の継承として、あるいは専門職集団としての成長がなかなか望めません。そういうところに都道府県単位の学校図書館部があったとしても、短いと三年で図書館以外のほかの部署にいってしまうため、単なる事務連絡で終わってしまいます。その点、私学では、専任司書教諭や学校司書を正規雇用するところがあって、貴重な存在となっています。

東京都立高等学校は過去に八年間だけ専任司書教諭を募集しました。私が知る範囲では東京大学・慶應義塾大学出身の専門課程を学んだそうそうたる方々で、司書資格も教員免許ももっていましたが、授業をめぐる裁判があったり、学校司書の正規化があったりしたのち、採用がなくなってしまいました。

この制度の評価についてはいろいろな議論があるところではありますが、注目すべき取り組みとしては『学び方の技術――高校生の図書館利用法』(東京都高等学校図書館研究会『学び方の技術』編集委員会編、日本書院、一九七八年)という手引を作って全都立高校に配布するというものがありました。いまでいう「学習・情報センター」としての役割を十分に意識して、図書館利用指導と各教科に対応させた読書案内をしていたことがわかるものでした。

正規で雇用が安定している専門職集団であれば、そういうことが研究され、まとめられ、継承されていきます。非正規では限界がある。そもそも、非正規や委託で学校図書館の仕事をしていても三年後、五年後にその仕事についていられるかわからない不安定な状態で努力を続ける精神力をもつ人がどれだけいるのか……。

ただ、中途半端な自治体の研修よりよっぽどいい研修メニューをもつ委託会社もあるし、公共図書館を含め委託によって司書資格保有率がアップするなどの逆転現象も出てきているので、何とも言えない状況にはなってきました。

神代　あくまで私個人の印象ですが、高校の図書館で優れた取り組みを続けている司書教諭・学校司書の多くは、私学の人ですね。ただ、私学は経営者の方針次第のところがありますから、きちんと図書館の役割を理解して整備するか、全く何もしないか、両極端に分かれますね。

中山　私学のよさは、図書館活用をマスターした教員が異動しないことです。なので、そこからまた新たな図書館活用にチャレンジできるのですが、公立では図書館活用をマスターした教員も推進または理解を示した管理職も機能する学校図書館を作り上げた司書も異動してしまうことで、なかなか先に進めないどころか、後退してしまうこともあります。自治体の教育や図書館のビジョンがしっかりしていないと継続できないんですよ。

山崎　学校司書の待遇改善のために、何が必要と考えますか？

神代　再び外国語教育の例ですが、小学校の英語教育のように、どの学校も実施しなければならず、そのために全国的なニーズがある分野であれば、民間企業が委託や派遣の形で一定レベルの教育を提供することは可能です。クラス担任教諭との役割分担など課題はもちろんありますが。二〇一四年の学校図書館法改正で、努力義務とはいえ学校司書が法律上位置づけられたことで、学校司書配置のニーズが高まってきているのは確かです。小・中・高を問わず、この流れを具体的な人の配置に結び付けていく努力を継続するしかありません。

中山　その「努力」についてですが、実践をなんらかの形で蓄積して公開していくことは必要でしょう。東京学芸大学学校図書館専門委員会の「先生のための授業に役立つ学校図書館活用データベース」を皮切りに、鳥取県立図書館の学校図書館支援センターや、「りぶしる」もそうですね。図書館活用実践のウェブアーカイブも多くなっているし、さらに広がっていくと思います。豊中市のように関係者限定のところもあります。

このようなデータベースに学びながら実践レベルを高め、学校図書館員が職員や公共図書館員とパートナーとして対等に渡り合えるようになってほしい。雇用期間や異動のせいで一つの学校に勤務できる期間に限界があっても、実践が継続・定着するよう、自治体の研修で育てるなどの工夫がほしいです。

理想を言えば、公立義務教育諸学校の学級編制及び教職員定数の標準に関する教職員定数法を改正して一学校一専門職員か、かぎりなく専任であたれる司書教諭の枠を確保してほしいですね。

神代　二〇二一年度予算で小学校の二年生以上の学級規模を四十人から三十五人に引き下げることが認められ、関連法の改正もおこなわれました。すなわち、教職員を増員するわけですが、一九八〇年に四十人学級のための法律改正がおこなわれてから約四十年かかっています。その一方で、学校司書を含む教諭以外の様々な学校関係業務を担当する職員の定数も増やすべく不断の努力がなされていますが、なかなか増えません。

学校司書の方々から、「正規の学校司書が増えるように、法律で自治体に正規採用を義務づけてほしい」という要望がよくあります。気持ちは痛いほどわかりますが、二つの意味で良策とは言えません。一つ目は、学校司書への必要性を理解しない自治体関係者がまだまだ多いなかで、仮になんらかの政治力を使って正規採用を義務化しても、いやいや対応されるだけで、中・長期的な学校図書館の発展のためになりません。二つ目に、学校教育に不可欠と誰もが認める教員でさえなかなか増員されない状況下で、学校司書の増員に予算を回してもらうのはさらに困難です。と言ってしまうと身も蓋もないのですが、まずは遠回りのようでも学校司書の役割を明確にし、その有用性についてエビデンスをもって訴え続け、地域住民に学校司書の必要性を理解してもらい、住民の力で自治体の政策を変えていくしかないと思います。その積み重ねが、ひいては国の政策を変えることにもつながります。何年かかろうと、あきらめずに努力を続けるしかありません。

これからの学校図書館に求められる機能とは

山崎　学習指導要領の改訂、児童・生徒へのタブレットの配布が求められるなか、これからの学校図書館に求められる機能には何があると思いますか？

神代　学習指導要領（以下、指導要領と略記）について小学校を中心にお話ししますが、これまで学校図書館については総則と国語などで触れられていました。例えば、二〇一九年度まで実施されていた指導要領では、総則の「第4　指導計画の作成等に当たって配慮すべき事項」のなかに「(10)学校図書館を計画的に利用しその機能の活用を図り、児童の主体的、意欲的な学習活動や読書活動を充実すること」と記されていました。ところが、二〇二〇年度から実施された現行指導要領の総則では、「第3　教育課程の実施と評価」の「1　主体的・対話的で深い学

びの実現に向けた授業改善」のなかで、「(7)学校図書館を計画的に利用しその機能の活用を図り、児童の主体的・対話的で深い学びの実現に向けた授業改善に生かすとともに、児童の自主的、自発的な学習活動や読書活動を充実すること」と記載内容が増えています。

現行指導要領では、知・徳・体にわたる「生きる力」を子どもたちに育むという学校教育の目標を達成するため、知識の理解の質を高め資質・能力を育む「主体的・対話的で深い学び」を実現するための授業改善を学校教育全般に求めています。今回学校図書館に関する記述が修正されたのも、この授業改善を実現するために学校図書館の活用が不可欠であることを明確にしたものと理解すべきです。

中山　学校図書館は優れた「学習環境」の一つとして、整えられていくべきところという意識をみんながもってほしいです。「読書環境」にはちがいないですが、それは基本で一部なんですよ。読書がベースになって、探究を進める場になるんですよね。その空間でインスピレーションももらうし、出会いもするし、思考し、対話もし、創作もし、発表もする場。たとえそれがバーチャルな場になったとしても、です。

「読書センター」は読み書きできる「識字リテラシー」を保障するのが基本です。字が読めて、言葉や文章を受け取り、そのうえに「学習センター」機能があり、探究活動が可能になる。それらを貫くように情報の使い手としての「情報センター」機能がある。ほっておいても読めるはず、だから冊数を競うとか機会を増やすとかではなく「しっかり読めているか、何を刺激され、自分の考えをどうつくるか」なんです。今回の指導要領の読書に関する記述はすべて、読んだあとにアクションが入っています。アクションを通して、さらに考え、咀嚼する。そして他者と対話し関わりながら成長していくのです。

だから、ビブリオバトルで一冊を紹介して自己表現していくことが全国的に広がるのはいいですよね。また、テーマを決めてたくさん選んだ本から子ども自身が絞って構成を考えてトークするブックトークを必修としている学校もあります。なぜなら情報を取捨選択して再構成する探究プロセスと同じプロセスをたどるからなのです。ビブリオバトルやブックトークの実演を大学生にも課すと、その体験は得難いものだったと言います。国語の読解とは別に、「読んだことをもとに語り合う時間」の確保は大切でしょうね。

山崎　現行の指導要領では、先に神代さんが触れた「1　主体的・対話的で深い学びの実現に向けた授業改善」のなかで、「情報活用能力の育成を図るため、各学校において、コンピューターや情報通信ネットワークなどの情報手段を活用するために必要な環境を整え、これらを適切に活用した学習活動の充実を図ること」という記述もあります。いわゆる情報教育と学校図書館との関係についてはどう考えますか？

神代　いま引用された記述に続いて、「また、各種の統計資料や新聞、視聴覚教材や教育機器などの教材・教具の適切な活用を図ること」とあります。学校のなかで統計資料や新聞はどこにあるでしょうか。もちろん学校図書館です。「視聴覚教材や教育機器などの教材・教具」についても、かつての指導要領では学校図書館と一緒に記述されていましたので、これらもまだ学校図書館にある場合が多いでしょう。ということは、情報教育も学校図書館の活用なしには進まないと考えるべきです。

学校にパソコンやネット環境が整備されるとどんなふうになるかについては、すでに一九九八年の「情報化の進展に対応した初等中等教育における情報教育の推進等に関する調査研究協力者会議最終報告」[4]（以下、「九八年報告」と略記）に示されています。この報告のなかには「学校内の情報化と教育ネットワーク」[5]「学校内の体制と外部からの支援体制」[6]のイメージ図が示されていて、いずれも学校図書館が不可欠の要素として盛り込まれていました。

中山　二〇〇三年に出た山内祐平氏の『デジタル社会のリテラシー――「学びのコミュニティ」をデザインする』（岩波書店）のコラムによると、同志社国際中学校・高等学校のコミュニケーションセンター（学校図書館）には、もうメイカースペースらしき空間が入っているんです。本とインターネットを両方使い、対話もし、情報を加工して成果物を作って学習発表までできる「場」としての学校図書館空間になっていたようです。

その流れを受けた東京の玉川学園のＭＭＲＣ（マルチメディアリソースセンターという名の学校図書館）は二〇〇六年に開館。無線ＬＡＮが入りオンラインデータベースも電子書籍もあり、ノートパソコンの貸し出しもして、探究型ラーニングスキル習得の支援をしています。折り畳み式の椅子とテーブルを有するマルチメディアシアター（一クラス対応で授業可能）はネットにつながる授業ができ、壁面はホワイトボードのように書き込みができます。もう少し少人数のワークができるアトリエともども外からなかの活動の様子が見え、教員にも生徒にも刺激になっています。窓際にはカフェのような一人席もあるというおしゃれな空間です。すぐ隣には映像スタジオ、音響スタジオ、その隣にMac対応のコンピューター室、Windows対応のコンピューター室をもち、メーカースペース、メーカーラボのように教室をうまく配置しているのが特徴です。

先に紹介した狛江市立緑野小学校の図書館は、観音扉一枚開けると隣のパソコン室とひとつながりになるという配置を開校時の二〇〇五年に実現しています。しかし、最近になっても校内無線ＬＡＮが学校図書館に入らないとか、都立高校が学校司書にネット接続のＩＤを発行しないとか、信じ難いことがあちこちで起きています。

神代　その点については、文部科学省が関係省庁とともに現在進めているＧＩＧＡスクール構想[7]のなかに、学校図書館の役割が抜け落ちていることが影響しているのではないかと危惧しています。本構想につながる近年の政策文書や有識者会議の報告のなかには、学校図書館のことが全くといっていいほど触れられていません。

例えば、二〇一七年八月に公表された、「学校におけるＩＣＴ環境整備の在り方に関する有識者会議」最終まとめには、少なくとも本文で学校図書館に触れられている箇所はありません。それどころか、この報告の別紙として公表されている、「効果的なＩＣＴ活用検討チーム」による「次期学習指導要領で求められる資質・能力等とＩＣＴの活用について[8]」の三ページには、「教育用コンピューターにできること」の一つとして「調べる」という項目があり、「複数の学年が同時に図書館を使うのは難しいが、（教育用コンピューターを使えば）そのような問題も起こらない」とまで書かれています。

この会議のメンバーに、学校図書館の機能をコンピューターに取って代わらせようという意図まではなかったと思いますが、コンピューターの利点を強調しようとするあまり、学校図書館の機能や可能性を過小評価してしまっているように思えてなりません。

翌年十一月の「柴山・学びの革新プラン[9]」や、それを受けて公表された「新時代の学びを支える先端技術活用推進方策（最終まとめ）[10]」、そして二〇一九年六月に制定、公布された「学校教育の情報化の推進に関する法律[11]」にも学校図書館は全く登場しません。

そして先ほどのGIGAスクール構想につながるわけですが、例えば「GIGAスクール構想の実現パッケージ[12]」と題されたスライドの五枚目「校内LANモデル調達仕様書例」に示してある学校のイラストには、教室と職員室しか描かれておらず、先に紹介した「九八年報告」で示されたイメージ図とは似ても似つかぬ姿になっています。各自治体の教育委員会があのスライドを見て「教室と職員室だけネットにつなげればいいんだ」と受け止めたとしたら、大変なミスリードと言わざるをえません。

どうしてこうなってしまったのか。文部科学省内の検討状況を検証する必要もありますが、その一方で学校図書館関係者は、いま紹介した動きをどうみていたのでしょうか。パブリックコメントなど、文部科学省に対して意見、要望する機会は何度もあったと思うのですが、自分事と捉えられなかったのでしょうか。

中山　二〇〇九年全国SLAの北アメリカ学校図書館視察ツアーに参加しましたが、その時点でもう、ワールドブック（百科事典のこと）は冊子体では買わないと言われていました。ちょうどポプラ社が「ポプラディアネット」を出していたところで、もう冊子体は初版で終わるなと思っていたら、二〇二一年の夏に第三版が出ます。ネット版が広がらない原因は何だったんでしょうね。
　情報検索の世界の様変わり――特にインターネットを通じて得られる情報に、学校図書館は全く対応できていないと思います。館内がインターネット情報利用可能な環境かどうかからチェックしないといけないありさまです。市内の公共図書館のＯＰＡＣさえ見ることができない。仕方ないから、職員の私用スマホで検索して、案内した人もいるのではないでしょうか。二〇〇九年はまだ各国の教育や図書館の情報化に対して、ちょっと遅れているけど挽回可能という感触でしたが、このコロナ禍では図らずももはや遅れを取り戻すのに相当な努力がいるまでの後進国になっていたことが明るみに出ました。そういう意味では、ＧＩＧＡスクール構想は学校図書館にとっても再度のチャンスと言えますしね。学校図書館の情報化の声を大きく上げていかないと、新しい学校教育に全く対応できなくなってしまうと思います。学校の管理職には高速ネットワーク接続はもちろん、学校図書館運営用のＩＤはぜひ確保してあげてほしいです。
山崎　これから学校図書館には、公立図書館やほかの社会教育施設にはないものが求められるのでしょうか。
神代　学校図書館はすべての学校に設置されることになっているし、実際ほぼそうなっています。ということは、ほとんどの子どもたちにとって、学校図書館は「人生で出会う最初の図書館」です。であれば、学校教育を終えて社会生活を始めたときに利用する公共図書館にできるだけ近いものでなければなりません。
　このように、学校図書館には公共図書館を疑似体験できる場としての役割が求められてきました。

そこに小規模でも展示コーナーや集まって話し合えるスペースがあれば、博物館や公民館を疑似体験することもできます。

「社会教育施設にはないもの」をあえて指摘するとすれば、こういった様々な社会教育施設を疑似体験できることでしょうか。そのような機会を学校図書館が提供することで、実際の社会教育施設の利用促進につなげるといった効果を期待できます。

社会教育施設側もこの視点を共有できれば、博物館・美術館の子ども向け鑑賞プログラムなど、社会教育施設が提供する学校向けのプログラムを学校図書館と結び付けることができ、互いにメリットがあると思うのですが。

中山　公共図書館の児童サービスは、一九七〇年代の本だけを扱っていればよしとされた時代から早く抜け出して、二十一世紀の子どもを取り巻く生活環境から「図書館」の機能の見直しをしてほしいと思います。IFLA（International Federation of Library Associasions and Institutions：国際図書館連盟）や海外の児童YAサービスは、[13]推奨するアプリ、インターネットとの付き合い方に対しての講座やプログラムをもっていると聞いています。子どもとともに親への啓発も同時に展開すべきです。学校図書館と一緒に開拓していきませんか？　また、保護者にはそういう先端の仕事をしている方々も多いと思います。そういう方々との学校教育談議を社会教育の場として展開して、協力してもらえる体制に持ち込みたい。児童サービスの読書推進は基本としても、情報スキルとリテラシーの育成を公共図書館や公民館とともに図ることはできないでしょうか。

博物館・美術館の学校連携、いいですね。「みんぱっく」や「きゅうぱっく」などの学校貸し出しメニューももっと増やしてほしいし、出張授業もネットでできることがコロナ禍でわかってきました。

所蔵コレクションのアーカイブと公開もありがたいです。加えて子どもメニューや学校連携の実践もアーカイブ化して公開していって、新しいメニューを一緒に作ることができたらいいと思います。特に地域資料です。地域学習の子どもたちの成果も、手を入れてあげればりっぱな地域資料に育っていくと思います。そういう活動のループも作れるのではないでしょうか。子どもの探究作品をアーカイブしていくのに学校だけではできないときには、地域の社会教育のフォローがあるといいなと思います。少なくとも、情報環境の貧困者には、カタリバ[14]がやっているように、WiFiやタブレットの貸し出しと、その使い方も教えてあげてほしい。学校が情報環境の不公平を理由にオンライン授業をやらないという選択をしないようなフォロー、学校での学び以外での学びを進めたい子どもへのフォローを社会教育で進めてほしいです。同様に電子書籍は家庭環境で読めない子がいて不公平だから導入しないという公共図書館の対応も聞きますが、世界的には逆向きであることをお伝えしたいです。

神代　そこでなぜ「タブレットとWiFiルーターを貸し出す」という発想にならないんでしょうね？

学校司書に求められる資質

山崎　これからの学校図書館に求められる機能を踏まえて、学校司書は何を学び、行動していくべきでしょうか。

中山　まずはアナログとデジタルの両方の読書推進、探究学習の支援、情報活用スキル向上の育成を進めていく必要があると思いますので、それらの勉強から。教員のなかにはそういう対応力が学校図書館にあることを知らない人も多いので、管理職をはじめ、教員へのはたらきかけがいままで以上に必要になってくると思います。

さらに理想を言えば、図書館の仕組みをちゃんと作って維持できて、活用のススメができて、児童・生徒に適した対応ができ、教員の相談にものれる「学校教育専門司書」であってほしいし、「学校教育の専門図書館」というくらいの使命感をもってほしいです。本音を言えば、司書資格も教員免許もともにもっていることが望ましい。資料知識、図書館の基礎だけでなく、〈子どもは成長する〉という視点がもてる素地、学校教育についての専門知識が必要だと思います。

神代　学校図書館をいままで以上に図書館らしくしていくためには、最低限、司書資格は必要でしょう。教員免許までは必要ないと思いますが、司書教諭と対等に渡り合えるだけの力はもっていてほしい。司書教諭は教員免許をもっているのですから、同僚の教員向けに学校図書館の活用をはたらきかけやすいはずです。これに対して、学校司書はこのはたらきかけを後押しすべく、公共図書館だけでなく学校外の様々な教育関連機関・組織とつながっていてほしいです。

中山　私は実は二職種制度には反対なのですが、いずれにせよ学校図書館のプロは、図書館側から入ればあとから学校教育の知識と素養がいるだろうし、学校教育側から入れば図書館の知識とスキル、広く社会教育の知見が必要になると思っています。

山崎　日々の教育活動で、学校司書に求められる行動をより具体的に示すとしたら？

中山　最近の教科書は、国語教科書、社会科教科書をはじめ、図書館の話題をかなり入れ込んできています。教科書と指導書、その教科書の出版社のウェブサイト[15]、学習指導要領、学校のカリキュラム、研究資料、各学年・学級のおたよりには目を通しておく必要があります。教科書や指導書にはQRコードがついてますので、これらも先回りしてチェックしておく必要があります。

神代　おっしゃるとおりだと思いますが、これを全部カバーするのは大変ですね。

中山　いまいる学校の先生に重要なポイントをお聞きしておくのも手ですね。教員は基本教えることが好きですから、こちらがどんどん質問するとちゃんとサーチして答えてくれたりします。その知見を図書館でストックしておくのです。場合によっては、必要と思われる教員に「こんな本が出ますよ」「こんなサイトがありました」「こんな情報が公開されています」などの情報を先回りして提供できるとさらにいいですね。

　つまり、常に児童・生徒や教員の動向にアンテナを張って、隠れたニーズを掘り起こす。ブックリストも作るが、同じようなやり方でリンク集や推奨アプリ集も作れます。もはや、情報は本や新聞・雑誌、パッケージ系のデジタル情報だけでなく、インターネットの情報をすみやかにキャッチできるようにしておく必要が出てきたのではないかと思います[16]。

神代　これらの情報も一から作るのは大変ですから、中山さんたちが作り上げた学校図書館データベース[17]などを活用するといいのですね。

中山　みなさん存在は知ってはいるけど読み込んではいないから、もっとメルマガやSNSで知らせていく必要があると思っています。それは「レファレンス協同データベース」[18]も同じかと思いますが、図書館員として情報のキャッチをし、発信できる場所を確保することも必要になってきたんでしょうね。昔は sl-shock というメーリングリストがあり、先進実践校の学校図書館間のやりとりが盛んだった時期がありましたが、いまは低調です。SNSに場が移ったと感じています。

あと、以前話題になった、社会教育施設などが提供している子ども向けプログラム情報などもすぐに知らせる学校図書館員であってほしいなあ。ネットを使った教育方法にも知識とスキルが必要になってきたんだろうと思います。

神代　著作権の知識も求められますね。外部の専門家に頼ってかまわないので、スクールローヤーなどに紹介してもらって著作権教育の指導や支援もできるといいですね。

中山　はい、著作権法もデジタル化や公衆送信に対応してきましたね。著作権教育は任せなさいという気概は必要でしょうね。改正読書記録や利用指導や探究ワークシートなど、いままでアナログで提供していたものをデジタルでも提供、回収ができる。そこでのコメントや情報提供もオンラインでもできるようにする。そういう情報基盤を維持・管理できる力も求められますね。

山崎　コロナ禍のなかでさらに求められることはありますか?

中山　繰り返しになりますが、ネットで公開される役立つ情報、動画情報が増えつつあるので、ブックリストと同じようなやり方でリンク集を作っておきたいです。あと、フェイクニュースに対するメディアリテラシー育成は喫緊の課題かと。それも図書館の仕事だと思うのですけど。学校のほうは待ったなしの状況です。ロンドンの高校図書館の司書がフェイクニュースを見分ける方法を教た実践例[19]が参考になります。[20] こうした取り組みも社会教育と一緒にやっていく必要がありますね。

神代　養護教諭と連携して新型コロナウイルスに関する子ども向けの様々な情報を集めて図書館に掲示したり、休校中の子どもたちの様々な悩みに応えるブックリストを作って配布したり、といったことも考えられますね。学校図書館の有用性をアピールするチャンスと捉えてほしいです。

学校図書館を支える教育行政のあり方

山崎　いまお話があったような資質を備えた学校司書がどの学校図書館にもいてほしいと願う一方で、学校司書の配置がなかなか進んでいないのも現実です。学校図書館の充実に向けて、教育行政にはどのような政策が求められますか？

神代　教育委員会が学校図書館を組織的に支援することが必須ですね。そのためには、学校図書館担当の指導主事を配置してほしいのですが、ほとんど聞いたことがありません。

中山　一部の自治体に学校図書館支援センターが設置されていますが、これにも二種類あって、白山市は公共図書館が取りまとめをしている好例ですね。でも、教員へのはたらきかけがもっとみえてもいいんじゃないかな、司書教諭や学校管理職に何か自覚をもち、知見を広げてもらうために。

学校教育側が取りまとめをするのが千葉県市川市です。しかし学校司書の正規職を守れませんでした。ですが、学校司書と司書教諭との合同研修も単独研修もおこなっています。

図書館が取りまとめをしていても、教員への周知徹底もまるごと負っているのが鳥取県の学校図書館支援センターです。教育委員会指導課の学校図書館担当指導主事と県立図書館員の学校担当が兼務でやっています。島根県もそうです。

神代　二〇一四年三月の「学校図書館担当職員の役割及びその資質の向上に関する調査研究協力者会議」の報告「これからの学校図書館担当職員に求められる役割・職務及びその資質能力の向上方策等について[21]」でも、学校図書館担当職員を支援する体制の整備が有効であり、学校図書館担当指導主事などにその役割を担わせることが期待されています。

ただ、「学校図書館担当」といっても実際には別の業務と兼務している場合がほとんどでしょうし、鳥取のように県立図書館員が学校図書館支援の役割を担っている例もまだまだ少ないと思います。

中山　今回、文科省のなかでの学校図書館の位置づけが変わりましたが、都道府県や市町村の教育委員会のなかでは変化は出てきたのでしょうか。

神代　二〇一八年に文科省の組織改編がおこなわれ、公共図書館、学校図書館、青少年の読書活動に関する施策が総合教育政策局地域学習推進課にまとめられました。これ自体は大きな前進と考えますが、各地の公共図書館や学校図書館に対する政策的なインパクトはまだまだという印象です。

次のステップとしては、各教科の教科調査官に相当するような、学校図書館担当の調査官を置く必要があると考えています。各自治体の学校図書館担当指導主事が困ったときに相談できる頼れる存在がいれば、学校図書館関係者にとっては大きな希望になると思います。

学校図書館への期待

山崎　では最後に、今後の学校図書館に対する期待をどうぞ。

神代　公共図書館が、生きるうえで困ったときに訪ねて課題解決の手がかりを見つけられる公共施設であるとすれば、学校図書館は、学校教育活動に貢献するだけでなく、学校生活を送るうえで子どもたちが困ったときに立ち寄って、解決のヒントを見つけられるところであってほしいのです。ＮＨＫで最近ドラマ化された、雨瀬シオリの漫画『ここは今から倫理です。』（集英社、二〇一六年―）では、高校の図書館の場面がしばしば出てきます。主人公の倫理の教員だけでなく、彼の授業を受ける、様々な悩みを抱えた生徒たちも利用します。ここまでは学校図書館の役割を適切に紹介してくれているのですが、一つだけ残念なことがあります。学校司書も司書教諭も登場しないのです。養護教諭は登場するのに。学校図書館が本来の役割を発揮するためには、学校司書や司書教諭という「人」が関わらなければならない、ということです。

どんな図書館でもそうですが、物理的なスペースと資料だけでは成り立たないのです。そこに人が関わることで、はじめて図書館として機能する。公共図書館で当たり前のことが学校図書館でも早く当たり前になることを願っています。

中山　「人」がいないと始まらないですね。では、その人がいてどうするか。図書館の原点に戻ると、すべての子がまず字を読み、文章が読める識字リテラシーが身につくことからスタートします。どの子も確実に言語を獲得することができるようにする。語彙力はそのままその子の世界観になります。思考を育みます。読書を単なる活動として捉えるのではなく、生きていくうえで必要な識字という観点で捉えてほしい。そのうえであふれる情報のなかから適切なものを判断して選び、再構成して発信するという情報リテラシーを養う。学校図書館職員は識字と情報リテラシー、学習指導要領では情報活用能力となっていますが、それらについても、勉強して考えてもらいたいのです。GIGAスクール構想にはついていかなければなりません。

識字は、障害がある子どもたちや日本語を母語としない子どもたちにも対応しなければならないことになります。情報リテラシーはこれまでアナログで培われたものに加え、デジタル情報、ネットにあふれる情報とどう付き合っていくのか、子どもたちがアナログとデジタルの両方を適時適切に選んで使いこなせるように支援することになります。学校図書館も視野を広げてほしい。これらも情報教育、そして社会教育と一緒にやっていく領域ですね。

あれこれたくさん「やらねば」と言い過ぎたかもしれませんが、そのなかのどこからか一つでも前進の道を見つけてもらえたらと思います。

山崎　お忙しいなか、ありがとうございました。

注

（1）東雅宏「中学生とおとなでビブリオバトル！」二〇二〇年三月六日　東京学芸大学学校図書館運営専門委員会　先生のための授業に役立つ学校図書館活用データベース（http://www.u-gakugei.ac.jp/~schoolib/htdocs/index.php?action=pages_view_main&block_id=121&active_action=journal_view_main_detail&post_id=992#_121）［二〇二二年六月二十二日アクセス］

（2）以下の動画の二分三十三秒以降。「わたしたち三重で暮らしています（vol.7）」チャンネル三重県、二〇二一年一月二十二日（https://www.youtube.com/watch?v=udbgmWiCw68&list=PLm7P52vkZ3G5BHxdqgZkhtYtD6loMiyrC&index=7）［二〇二一年六月二十二日アクセス］

（3）青山詩織／塩原佐智子「身近な地域と戦争のつながりを学ぶ総合学習」二〇一九年八月六日、東京学芸大学学校図書館運営専門委員会　先生のための授業に役立つ学校図書館活用データベース（http://www.u-gakugei.ac.jp/~schoolib/htdocs/index.php?action=pages_view_main&block_id=121&active_action=journal_view_main_detail&post_id=936#_121）［二〇二一年六月二十二日アクセス］、吉田右子「公共図書館の四空間モデル」『オランダ公共図書館の挑戦』新評論、二〇一八年、一〇四―一〇七ページ

（4）文部科学省「情報化の進展に対応した教育環境の実現に向けて（情報化の進展に対応した初等中等教育における情報教育の推進等に関する調査研究協力者会議最終報告）」（https://www.mext.go.jp/b_menu/shingi/chousa/shotou/002/toushin/980801.htm）［二〇二一年七月三日アクセス］

（5）情報化の進展に対応した初等中等教育における情報教育の推進などに関する調査研究協力者会議「学校内の情報化と教育ネットワーク」（https://www.mext.go.jp/b_menu/shingi/chousa/shotou/002/toushin/980801b.htm）［二〇二一年七月三日アクセス］

（6）情報化の進展に対応した初等中等教育における情報教育の推進などに関する調査研究協力者会議「学校内の体制と外部からの支援体制」（https://www.mext.go.jp/b_menu/shingi/chousa/shotou/002/toushin/980801c.htm）［二〇二一年七月三日アクセス］

（7）二〇一九年度補正予算で認められた、学校のＩＣＴ環境を整備する事業で示されたいまの時代のスタンダードな学校像。「ＧＩＧＡスクール構想の実現」（https://www.mext.go.jp/content/20191219-

mxt_syoto01_000003363_11.pdf)［二〇二一年七月三日アクセス］

（8）効果的なICT活用検討チーム「次期学習指導要領で求められる資質・能力等とICTの活用について」（https://www.mext.go.jp/component/b_menu/shingi/toushin/__icsFiles/afieldfile/2017/12/13/1388920_2.pdf）［二〇二一年七月三日アクセス］

（9）文部科学省「「新時代の学びを支える先端技術のフル活用に向けて～柴山・学びの革新プラン～」について」（https://www.mext.go.jp/a_menu/other/1411332.htm#1411332）［二〇二一年七月三日アクセス］

（10）文部科学省「新時代の学びを支える先端技術活用推進方策（最終まとめ）」（https://www.mext.go.jp/component/a_menu/other/detail/__icsFiles/afieldfile/2019/06/24/1418387_02.pdf）［二〇二一年七月三日アクセス］

（11）「学校教育の情報化の推進に関する法律」（https://www.mext.go.jp/a_menu/shotou/zyouhou/detail/__icsFiles/afieldfile/2019/07/01/1418577_002_1.pdf）［二〇二一年七月三日アクセス］

（12）文部科学省「GIGAスクール構想の実現パッケージ――令和の時代のスタンダードな学校へ」（https://www.mext.go.jp/content/20200219-mxt_jogai02-000003278_401.pdf）［二〇二一年七月三日アクセス］

（13）中山美由紀「児童・YA図書館サービスはどこへいく」二〇一九年三月十九日、東京学芸大学学校図書館運営専門委員会　先生のための授業に役立つ学校図書館活用データベース（http://www.u-gakugei.ac.jp/~schoolib/htdocs/index.php?action=pages_view_main&block_id=113&active_action=journal_view_main_detail&post_id=887#_113）［二〇二一年六月二十二日アクセス］、「みんぱっく（学習キット）」国立民族学博物館（https://older.minpaku.ac.jp/research/sc/teacher/minpack/

index)［二〇二一年六月二十二日アクセス］、「学校貸出キット　「きゅうぱっく」のご案内」九州国立博物館（https://www.kyuhaku.jp/visit/visit_info07.html）［二〇二一年六月二十二日アクセス］

(14)「認定ＮＰＯ法人カタリバウェブサイト」（https://www.katariba.or.jp/）［二〇二一年六月二十二日アクセス］

(15) 光村図書の例。下村健一「想像力のスイッチをいれよう」作者・筆者インタビュー（https://www.mitsumura-tosho.co.jp/kyokasho/s_kokugo/interview/shimomura/index.html）［二〇二一年六月二十二日アクセス］

(16) ジャパンサーチの活用事例報告イベント。「ジャパンサーチを使ってみた！――教育・研究・地域情報発信の現場から」（https://jpsearch.go.jp/event/use2021?fbclid=IwAR28AYMt8j-WrbDbvUGyPu89TYxrfS8GTjeMI5XPbk2r6tAApuNgOvOcBZw）［二〇二一年七月三日アクセス］

(17)「先生のための授業に役立つ学校図書館活用データベース」東京学芸大学学校図書館運営専門委員会（http://www.u-gakugei.ac.jp/~schoolib/htdocs/）［二〇二一年六月二十二日アクセス］

(18)「レファレンス協同データベース」国立国会図書館（https://crd.ndl.go.jp/reference/）［二〇二一年六月二十二日アクセス］

(19) Lucas Maxwell, "SCHOOL LIBRARIES AND THEIR FIGHT AGAINST FAKE NEWS," *BOOK RIOT*, Jan. 25, 2021（https://bookriot.com/how-to-teach-about-fake-news/?fbclid=IwAR14kXFJNIFaolhb1rIiEiwRniVfA0L3RflAWVLgmi6rPWc4KIDTZ6J2OWA）［二〇二一年六月二十二日アクセス］

(20) 坂本旬「デジタルリテラシーとは何か」「note」（https://note.com/junsakamoto/n/na67003267ec2?fbclid=IwAR0COz2VWs0B5_b3TzgIf04YAVxjpM6GxnfiOEpU2A5oHYqG6zgxYYILDZE）［二〇二一年六月二十二日アクセス］、「米国図書館協会（ＡＬＡ）、図書館におけるメディアリテラシー教育の

ための ガイドを公開」「カレントアウェアネス・ポータル」(https://current.ndl.go.jp/node/42759?fbclid=IwAR025RhB1kDlEaE5mXtZEWKS9MliVhYjKZrx72_AW2n3DyyqAnoZy4oPz20)［二〇二一年六月二十二日アクセス］

(21) 学校図書館担当職員の役割及びその資質の向上に関する調査研究協力者会議「これからの学校図書館担当職員に求められる役割・職務及びその資質能力の向上方策等について(報告)」(https://www.mext.go.jp/component/b_menu/shingi/toushin/__icsFiles/afieldfile/2014/04/01/1346119_2.pdf)［二〇二一年六月二十二日アクセス］

第7章　図書館をどう始めるか

岡本　真［アカデミック・リソース・ガイド代表］／
山崎博樹［知的資源イニシアティブ代表理事］

岡本さんは、初めて会えば誰もが感じるように、頭脳明晰で言行がするどい方です。しかし一方ではいろいろとバランス感覚にたけていて、周りの人を生かして仕事をされているというのが私の印象です。この対談では岡本さんがメインとして取り組んでいる図書館づくりについて話をしています。図書館の仕事を始めたきっかけや図書館への思いを語っていただきました。

岡本さんとの出会い

山崎博樹　この対談では岡本さんと「図書館をどう始めて、どうつくっていくか」についての話をしていきたいと思います。岡本さんと私が初めて出会ったのはもう相当昔になりましたが、レファレンス協同データベース事業のフォーラムだった記憶があります。「ずいぶんストレートに話される方だな」と思ったのがそのときの印象です。私の経験では、図書館業界にいままであまりいなかったタイプという印象でした。岡本さんは当時 Yahoo! JAPAN に在籍されていたのでしょうか。いろいろとお話ししてからは、これから図書館に変化を及ぼしてくれる方だと私は思いました。その後いろいろと図書館に関連する活動をされ、図書館総合展の仕事や全国での講演活動などをされていますね。私とも、Library of the Year などで仕事をしています。お互いに地域情報化アドバイザーもやっています。いまでも、様々な図書館のフィールドでお会いしながら話をする関係かと思います。今回、岡本さんが出版された『未来の図書館、はじめます』(青弓社、二〇一八年)をベースにしながら、あらためて図書館への思いとか、これからやりたいことも含めて、話をしていければありがたいです。

岡本 真　そうですね、調べてみると、最初にお目にかかったのが二〇〇八年二月のようです。第四回レファレンス協同データベース事業のフォーラムですね。このときに私は講演をしています。いまの会社を起こす前ですね。そのときにパネルディスカッションのコーディネーターが山崎さんで、ほかに小田光宏先生とか福井県立図書館の宮川陽子さんとか、いま思い出すと面白い顔ぶれで、かつ発表者には宮城県図書館の熊谷慎一郎さんがいたり、大串夏身先生が現役で昭和女子大で先生をされていたりとか、なかなかの顔ぶれだったんですね。しかも国立国会図書館関西館長の和中幹雄さんが現役でいらしていました。山崎さんは司会進行がとてもうまい人という印象がとにかく強かったです。ある意味で、このことが図書館の世界での山崎さんの位置を示しているのではないでしょうか。正直、図書館関係でそんなに司会進行がうまい人ってあまりいないと思うんですね。司会というよりは進行係でしかない。そんな環境のなかで、山崎さんには「なるほどパネルディスカッションの司会ってこういうふうにやるんだ」と私は非常に強い印象、むしろ感銘を受けたのをよく覚えています。このことが私にとってもなかなかいい機会になったのも事実としてあります。ちょうど会社を辞める一年以上前のときでしたが、「そろそろ辞めるか」と思いながら強い意志や覚悟を明確にもっていたわけではないぐらいのときだったと思います。でもそこからＩＲＩ（知的資源イニシアティブ）の活動だったり、秋田県横手市での活動だったり、

秋田に呼んでいただくような機会がありました。そう考えると私と図書館業界の付き合いは、山崎さんとは早いほうです。その当時、山崎さんは国立国会図書館の人だと思っていたのですが、実は秋田県の人で、出向してきているというキャリアパスがあるということに驚いたこともよく覚えています。ともあれ、そんな出会いから気づけば長いですね、出会った頃はいまの私と同じくらいのお年だった山崎さんが定年退職をされているくらいですから。

argの創業

山崎　その間、図書館で岡本さんはいろいろと活動されましたが、岡本さんの仕事は図書館をつくること、現在の図書館を支えることという両面があると思います。図書館のコンサルティングという仕事でビジネスとしてそれらがあるのは当然ですが、感心するのは、実際に図書館をつくったあとにも様々なサポートや関係を維持されていることです。そういう仕事の進め方は、私はあまりみたことがありません。そこは、岡本さんの会社の大きな特徴だなと思いますが、やはり岡本さんは図書館が好きなのかなと思います。でなければこういう形は取らないと思います。お金の切れ目は縁の切れ目というコンサルをやっている会社は多いです。

岡本　気がつくとそうなっていたという感じなのかもしれません。ここに至るまでを振り返ってみましょうか。起業する前に働いていた会社は Yahoo! JAPAN（以下、ヤフーと略記）というばりばりのインターネット企業でした。私は一九九九年にヤフーに入りました。ヤフーはまだ創業三年ぐらいで社員もわずか百人の時代です。その後、ヤフーで過ごした十年は充実した日々でしたが、このままずっとこの仕事をし続けるのが本当にいいのか、という自問がありました。企画・設計した「Yahoo! 知恵袋」が大きな成功を収めて、ウェブサービスだけをプロデュースすることに飽きつつあったというところもあります。

ヤフーで過ごした十年は、一貫して検索エンジンと「Yahoo! 知恵袋」という、調べることをアシストする仕組みを作ってきました。この体験は現在に明確につながっています。特に「Yahoo! 知恵袋」はデジタル化されていない各人のなかや人々の間にある問いと答えをデジタル化してもらう仕組みです。この経験からまだデジタル化されていないもの、あるいはこれからデジタル化されるべきものについて関心をもっていったと言えます。

そんな思いをいだきながら、いまの会社をつくる調査・研究をしていました。そのプロセスで、図書館流通センター（TRC）を除外して考えれば、この業界は案外ブルーオーシャンであるということに気づきました。arg（アカデミック・リソース・ガイド）の創業後、ある程度、同じような会社は増えたとも思いますが、当時はそんな状況でした。先行する同業者は一社であり、それはガリバー企業であるTRCだったわけです。

ちなみにTRCとは実はヤフー在職中から接点がありました。これはあくまで個人的な立場でしたが、ライブラリーアカデミーの立ち上げに少し携わっていたのですね。そのためTRCの事業はそれなりにわかっていたと思います。特に研修プログラムを展開し、それを自社にとどめず業界全体に開けるというガリバー企業としての圧倒的なプレゼンスには感心しました。と同時に、図書館業界には規模感においてTRC以外の選択肢というものがあまりないことも感じてもいました。

ちなみに私が起業するプロセスではＴＲＣの現・副社長である佐藤達生さんを筆頭に、創業者である石井昭さんや当時社長だった谷一文子さんらにかなり目をかけていただいたと思います。先行企業の方々が新規参入を楽しんで受け入れるという雰囲気があったのはよかったですね。

実際、二〇〇九年に起業して、会社として業界内で一定程度は認知される程度に定着するまでに様々なことを会社以外でもしてきました。起業した〇九年には、いまやなかば伝説のようになっているU40-Future Librarianを起こしました（二〇一一年末くらいまで精力的に活動）。翌一〇年には図書館振興財団の助成金をもらって仲間たちとCode4Lib JAPANを立ち上げました。この活動はいまも精力的に続いています。そして一一年に東日本大震災があって、saveMLAKを立ち上げました。この三つは人的に重なり合う部分もあれば、そうではない部分もあり、複雑な絡み合い方をしていますが、いずれにせよなにものにも代えがたい大きな財産ですね。

その後、二〇一二年に初めて本格的な図書館の仕事を得ました。それがＴＯＹＡＭＡキラリの整備です。再委託での受託でしたが、本当にようやくここまできたという感じでした。ちなみにこのときａｒｇに再委託してくれたのは乃村工藝社でしたが、そのときの担当者は実はヤフー時代に知り合った人でした。ご縁に生かされていることを感じます。そして、そこまでの三年間、私に研修講師など、糊口をしのぐ機会をお世話してくださったのは業界の先行企業の方々だったわけです。例えば、いまではＴＲＣは一緒に仕事をすることもありますし、仕事上のライバルにもなることもあります。しかし、特に最初の三年間を陰に陽に応援してくださったことには心から感謝していま す。また、お亡くなりになりましたが、図書館総合展を始めたカルチャー・ジャパンの新田満夫会長には文字どおりかわいがっていただいたと思います。

こういう経験をしてきた以上、私も私がしていただいたことと同じような形で恩返し、恩送りをしていかなくてはいけないと感じます。お世話になった方々に私が返せる恩はたかが知れていますので、次の世代に先人からいただいた恩を送っていくのが、大事だと思っています。

山崎　お話を聞くと人への感謝を大事にしながら、その経験を次の世代へとつなごうとする思いがあるのかなと思います。図書館の活動をしている人は、研究者も含めて多少なり高齢化していて、日本の縮図みたいなものが、私も含めてあるかもしれません。若い人たちが活動する場を岡本さんがかなり作ってくれていることを感じています。必ずしもビジネスにならない部分もあったと思いますが、例えばsaveMLAKにしてもCode4Lib JAPANにしても、これはビジネスという観点ではなかなかやれないことですよね。その点、岡本さんは図書館に対する思いがかなりあると思います。『未来の図書館、はじめます』には金沢文庫との出会いが少し書いてありますが、図書館が必要だという考えはそのころからおもちだったんですか？

岡本　その体験はやはり大きいと思いますね。私自身そういう意味で言うと、よりその原点的なものに立ち返ると、もともとの居場所はかなり異なるのです。私は必ずしも大学に進学するのが前提ではない世界、もう少し正確に言うと大学進学にリアリティーがさほどない世界にいました。高校時代のことですね。

図書館業界に限りませんが、いま仲良くしている大卒の友達をみていて、その輝かしさに圧倒されることがあります。それはもう、わかりやすく言えば学力が高い高校を出ているからです。高校時代に大学に進学することが前提になって生きてきた人たちに接すると、圧倒的な差異を痛感します。例えば、高校の同級生や同窓生を通じて、こういう機会を得た、こういう人を紹介してもらったという話を耳にすることがあります。正直、そんなことがあるのか、いやできるのかと思うわけです。なぜなら、私はそんな社会的ネットワークをもっていませんから。いまの私には高校時代の同級生でいまも交流がある友人、「Facebook」でつながっている友人は一人もいません。それが、私が身を置いた高校の現実であるわけです。少なくとも子どもの数が圧倒的に多く、相当な学校間格差が厳然と存在した私の世代の現実ではないかと思います。

その高校時代そのものは、それはそれで楽しかったのも事実です。しかし、そのときに私がいた場所と、その後に私がいる場所は明らかに違うのです。だからこそ、私にとって人生での決意のきっかけをつくる場の一つだった図書館は大事なのです。この話は感覚的にわかる人とそうではない人がいるでしょうが、私自身にとっては大きなこだわりがある部分です。

この経験は、ａｒｇが地方の仕事を好むところにも影響しているでしょう。地方にもいろいろあります。わかりやすい地方もあれば都市のなかの地方、私が生まれ育った金沢文庫などはまさに横浜のなかの田舎なので、わかりやすい田舎だけでなく、都市のなかの田舎であるとか、都心のなかの過疎であるとか。そういった方向に目が向くし、分断をつくる気はないけれど、なかなかわかってもらいにくいことだなっていうのはすごく感じています。でも一つの原体験になっているから、「図書館は大事だよね」と思う部分は強くあると言っていいでしょう。

同時に、例えば学校図書館とかにはさほど強い関心をもちえないのは、高校時代に学校図書館はあることはありましたが、それが自分たちにとってつながっている世界だという認識がなかったからでしょう。だからいま学校図書館でみなさんすごく頑張っているのはわかるし、知ってはいるんだけれども、高校生時代の自分にとってそれがあまりにも異世界すぎるので、それこそ高校で司書をやっているみなさんからすると、高校時代の私はいまここでこの子を図書室につないであげていないと「この先の人生、リテラシーを身につけないで生きていってしまうやつ」と高校の図書室の人が心配している層にいたわけです。だから逆に、ちょっとなかなか関心をもちにくいというのはあると思います。その点で公共図書館という広く開かれた存在というものに強く関心があります。

ただ、それを少し整理していくと、もともとはどちらかというといまの活動はアカデミック系から始まっているので、大学図書館だったわけですが、大学図書館はプレーヤーが十分たくさんいるし、同時に私自身の出自からすると、大学で勉強できる人はべつにこれでいいんじゃないかなという感じなんですよね。それよりも、高等教育を受ければすべて解決するとは思いませんが、とはいってもやはり教育に対して道が開かれているというのは絶対的に重要なことであって、それは私自身の育ちからしてすごく感じるので、だからこそそこの接続ポイントである公共図書館に対して深い熱意をもったということは明確にあると思います。

図書館づくりとその課題

山崎　岡本さんの本で、「公共図書館を使ってと言われたときに、仕事上その存在が薄い？　あるいは使えない」というのが課題として書かれていました。菅谷明子さんの本（『未来をつくる図書館

――ニューヨークからの報告』〔岩波新書〕、岩波書店、二〇〇三年）では、ニューヨークで出版社に記者として勤めていたのを辞め、フリーになったときに勧められて公共図書館を使ったと、逆なことを書かれていました。日本の公共図書館の課題というのをそのまま両者が表していると思いました。実際に、全国各地に図書館づくり、ここ数年間は大変多くありますが、岡本さんもここ十年近く、図書館設置に関わられてきて、行政、設計業者、住民に関わりがあると思いますが、そのなかで課題、あるいはこうしたらもっといいのにということを感じたかもしれません。そのことについては『未来の図書館、はじめます』でも書かれていますが、あらためてお話を聞きたいです。はじめに関わりが大きくあるのが自治体の行政でしょうか？

岡本　そうですね。様々な接点が関わっていくのですが、そこを先に整理しておくと我々に声がかかることが多いのは、役所本庁から、図書館から、そして意外に多いのは市民からです。市民から声がかかるのは、ａｒｇの特徴だと思います。とはいっても、最初の入り口はほぼ役所の本庁だと思います。我々に対して関心をもつところは結構調査されてくるので、正直そこまで苦労はありませんが、それでもですね、最初に感じるある種共通する課題としてあるのは、話をもってきた教育長とか副町長とか、幹部クラスから現場の人も含めて、それは教育委員会の人とかもあれば街づくりの人であることもありますが、その次に横に広がりにくいということですね。特に最近であれば街づくりのなかの図書館、子育て支援のように図書館が目的化しているというより、図書館を政策の手段としている部分があり、特に最近、街づくりから子育てへのシフトが明らかに発生していて、子育て支援の一環としての図書館といったとき、子育て支援の人たちはその意味がわかっているんです。それだけ研究をされています。ただそれがほかの人、例えば建設部局が理解しているかとか、財政が理解しているかとか横の人たちへの理解を拡大するのが難しいです。最近多いのは、街づくりよりも子育て支援の人たちはむしろ理解しているのに教育委員会が図書館の可能性を全く理解していなくて、図書館が実はものすごくつらいということも残念ながらあります。それをどう突破していくかというのはなかなか難しいのですが、最近とにかくお願いしているのは「部局横断で全員集まって、みんなでちゃんと勉強会をしましょう」ということです。それにはこちらも相当勉強していきます。基本的に自治体がもっている、総合計画などは当たり前として、各分野の個別計画とかを一通り頭に入れていきます。成り代わって答弁できるくらいのレベルまで私は勉強しています。それでどういうふうに串を刺すことができるのか、それぞれの政策が図書館があることによってどうつながっていくか、きちんと説明するのと財政周りですね、金がかかるのは確かなので「いくらかかりますよ」という話と、これは投資なので民間の私だからこそ逆に言えるのです。投資をせずに金を絞ってばかりいたら必ず倒産する。投資することによって人口を増やせるなら増やす、増やせないなら減らさない、減るなら緩やかに減らす。こうして市民税を獲得・維持する、固定資産税を獲得・維持するというロジックを説明したうえで、ほかの政策に対しての財政投資をする政策優位性をきちんと理解してもらう、というのはすごく意識しています。きちんと説明すれば、財政は必ず理解されるのです。「三十億円をばらまきするかわり五億円投資してこんなにリターンがあるならこっちのほうが絶対いいですよ」というのは、金を預かっている人たちに理詰めできちんと説明すれば理解してくれます。ただ、そういう場が作れないとすごく苦労します。みんなで横断的に考えようという自治体のなかでの危機感がなく、縦割りで全くその話ができないとかだと行き詰まりやすいです。

山崎　役場の小さい組織といいながらもそれなりに縦割りが強く、担当者だけで、あるいは図書館の方だけで検討してしまう。図書館が入らず、開発担当だけでやってしまうケースもある。そうすると、お金もすごく出しにくく、町全体としての課題ではなくなってしまうと、いま聞いていて思いました。実際に私と岡本さんが一緒に関わった事例はありませんが、私が関わったケースだとコンサルタントに丸投げというのはあります。あるコンサルタントに対して依頼し、受けた相手がしっかりやってくれれば問題ない。しかし、そうでない場合、つまり簡単な絵を描いてきて終わるコンサルティングをされてしまえば、それは経験上ほぼ失敗します。当事者がしっかり勉強して考え方の共有を図らないと、全体計画としてはやっぱり破綻してしまうのでしょう。ご存じのとおり紫波町で私は十年以上紫波町図書館に関わり、町長をはじめとして、特に行政の方々の大変な努力をずっとみてきました。そのことについてあまり外部で語られることは少なかったと思っています。キーパーソンの存在はもちろんとして、その周りにいるたくさんの方々が関わって、これから日本の自治体が公共施設を整備していくとき、必ずしもＰＰＰ（パブリック・プライベート・パートナーシップ：官民連携）としてではなく、関係者としての覚悟がみんな必要だと思います。それがなければ形だけまねてしまうような気がします。岡本さんが苦戦していることがもしあるとすれば、その部分ではないかと私は思ったんですけど。

岡本　それはありますね。我々は例えばメニュー選びという言い方で批判することがあります。例えば我々が関係した県立長野図書館や西ノ島町コミュニティ図書館には３Ｄプリンターが入っています。そして最近は３Ｄプリンターを入れる図書館が増えてきています。増えること自体は北アメリカではそれが標準化されているわけでもあり、進む方向としては図書館の創造機能の拡張として間違いではないとは思います。しかし、みんながやっているから入れる、なんとなく流れだから入れるという方向になってしまうような「右にならえ」は非常にまずいと考えています。それをやると金太郎飴にしかなりません。実際、大枚をはたいて導入しても、さして使われていないところもあるわけです。特に特定の人しか使わなくなってしまうと、公益性や税負担の観点からは問題がありはしないでしょうか。こういった懸念を晴らせるよう、その地域の特性に合わせてしっかり考えることが欠かせません。そして、そのためにはその地域の人が真剣に考えなければ始まらないのです。

この話から考えると、我々が関わってきた図書館でいまのところ指定管理者制度をいきなり導入したところがないことには、一定の意味があります。誤解がないようにと願いますが、指定管理者制度そのものが根本的にだめだと思っているわけではありません。もちろん改善すべき点はありますが、それと制度根本とはあくまで別です。さて、いまの指定管理者を決めるプロセスからすると、施設整備がほぼ決着したあとに指定管理者が決まります。これでは管理運営に入る指定管理者はいまお話ししたような地域の特性に配慮して業務を設計・実施する裁量の範囲がかなり限られます。この問題があるからこそ、ＴＲＣを筆頭に指定管理受託の大手企業はＰＦＩ（プライベート・ファイナンス・イニシアティブ）手法での施設の整備・運営に参画しているのでしょう。作る段階から入れば、施設整備と施設運営を一体化させて物事を動かして進められますからね。実際、ひところに比べればPFI手法で整備し、運営も指定管理にしている図書館で評価が高いところも増えているのではないでしょうか。ともあれ我々としては日々言い続けていることですが、施設整備と施設運営が一体的にシームレスにつながる形にならないかぎり、本当にいいものにはなりません。

この意味でも紫波町は大したものなのです。図書館関係者にはこういった政策・制度の意味こそ、紫波町から学んでほしいところです。例えば我々も、須賀川市の須賀川市市民交流センター tette に関わったときに、まず読み込んだのが紫波町図書館をつくっていくプロセスで担当者が書いていたブログです。ここにはまさにそのときのリアルタイムの嘘偽りない息遣いがあり、悩みがあります。このブログは我々も読みましたし、須賀川の担当者にも読むよう勧めました。そして、その学びを生かして須賀川市でも同じようにプロセスの情報発信を徹底的にやりました。それはいまでもアーカイブして残してあります。

重要なのはプロセスから学ぶということだと思っています。紫波町の何がすごいかというとそのプロセスで、様々な積み上げがなされていることです。例えば、紫波町では整備段階で移動図書館を運行していました。そもそも紫波町には図書館がなかったわけですが、図書館がない段階で町民のみなさんの図書館がほしいという思いを受けての移動図書館があったわけです。こういったプロセスに込められた思いもひっくるめてまねていかないと、単なる形態模写にしかならないのではないでしょうか。

話題のどこそこの図書館でやっているから、うちも3Dプリンターを入れようという発想では困るのです。ここを甘く考えていると、例えば紫波町にいって、これと同じものがうちの町にもほしいとなってしまうと思うんです。それは違うんですね。紫波町には紫波町らしいやり方がある。須賀川市の tette は紫波町に衝撃を受けていて、tette の整備にあたったチームのなかでは、いまだに紫波町に行ったときの体験というのは伝説です。しかし、できあがりは全く違うものになっているわけです。でもその根幹の精神という面では全くずれていなくて、いまでもよく関係者たちと、あのとき紫波町のみなさんにかけてもらった言葉とか、公務員のみなさんからすると公務員としてのありようについてがつんと殴られるような体験だったことは、共通するわけです。プロセスとソフトの部分における共通性は作りながらもアウトプットやそのハードのあり方というのは、まず変わってくるというのが本来の当たり前の姿なのかなと思います。

山崎　まねる部分はやはりプロセスですね。結果をまねるというパターンが実際にはまだ多いです。そのままもっていって成り立つわけではない。コンサルタントのいろいろな提案書を見るとどこかで見たような写真と提案がちりばめられていて、これを自分で作ったら二、三時間でできそうにも思うことがあります。しかし、ある程度のお金を支払って依頼されている。もちろん、何も調べないよりはいいと思いますが、行政は最低限のことは本来自分で勉強するべきです。しかしその先を住民と一緒にやっていくところでは、役場の人材だけでは無理かもしれません。全国的な調査もなかなか難しい。

図書館づくりで住民が関わるところについて、岡本さんがお話しされました。いままで、岡本さんが図書館づくりのサポートをされてこられた経験で考えられたことだという気がします。

岡本　これは紫波町も含めてみてきたなかでの経験として考えているのですが、いわゆる紫波町の公民連携ＰＰＰ方式だけがすべてではありません。そして「そこで終わってはだめだ」というのが、紫波町のみなさんから学ぶべき点だと思います。

実際、別のパターンはありえます。例えば最近よく言っているのは産官学民連携です。公民連携の民をいわゆる企業に限る必要はありません。市民は本来、連携の担い手になりえます。つまり市民協働や市民自治の考え方に寄ったＰＰＰです。実際、このような思想と実践は図書館の世界にも見られます。例えば、伊万里市民図書館と「図書館フレンズいまり」の活動はその好例ではないでしょうか。

そして、官民・公民に限定せず、産官学民が力を合わせて模索していきたいところです。図書館の世界でも注目されているデンマークではこの四者連携が強く意識され、実行されていると聞きます。こういう連携を施設整備や施設運営に反映していく必要があるのではないかと思っていますし、これは半ば確信です。ちなみに創業したころからのａｒｇの事業の大きな軸の一つが産学連携でした。最近ではこれをさらに広げて産官学民の連携を事業として重視しています。それも、実はこうした気づきがあればこそなのです。

ただし、ここで気をつけたいことが一つあります。それは例えば市民との協働や連携という場合、これは行政が市民を安く使うことではないということです。市民や市民団体を行政の下請けにすることでもありません。お互いに対等なイコールパートナーシップで取り組んでいくことを重視しなくてはいけません。

こういった私たちの信念は、かなり明確に達成されているケースもあれば、まだまだ努力が必要なケースもあるでしょう。例えば名取市、須賀川市、島根県西ノ島町での取り組みは、イコールパートナーシップや市民の自主性・主体性が明確なケースだと思います。

様々なやり方があり、その多様性は重要です。ただ、コロナ禍を踏まえ、またそれ以前から続く日本全体での労働環境の劣悪さを考えると、図書館に限ったことではありませんが、施設の整備や管理における役割や分担について、社会契約のあり方自体をいちど見直す必要があると感じます。

山崎　自治体が構想委員会をつくったり、ワークショップを開催したり、私もそれには出た経験がありますが、どちらかというと形が主体なんです。会の回数が限られている問題もあります。しかし、肝心なことは議論する時間が足りない、参加者が勉強しないで参加していることです。構想を作るための委員会に参加するなら、やはりある程度は勉強してきてほしい。自分たちの町の図書館ですから。私は外部から入っていますが、肝心の町の人たちが「先生が言うとおりですね」というのはやはり問題があります。それはワークショップも同じで、そこは専門家の話を聞く場ではない。「それでは、失敗する」といつも言っています。全般的に自分たちがこれから担っていかなければならない施設の方向性をすべて外に求めてしまう問題があるでしょう。幸いにして紫波町での長い関わりでは、そう思うことはなかった。紫波町にも図書館をつくる会がありましたが、図書館員以上に勉強をすでにしていて、むしろ役場の担当者だけでは対等な議論ができない状態でした。一方で図書館をつくることに対して反対運動もありましたし、もうちょっと別の視点からの意見が必要だったので、私が依頼されたという経緯があったと思います。やはり単純に誰かに任せるというパターンが日本の悪いところで、一緒にやっていく、協同、協力の協なんですが、これをもうちょっと意識しないとまずいのではないかなと思います。お金を払ってどこかに頼めばいいとか、あるいは偉い先生に聞けばいいとか、それはそれで必要でないとは思わないですけど。それはあくまで入り口にすぎず、最終的には自分たちで考えていく。図書館見学にいくと、いいところだけ聞いて肝心な課題というものを全く見つけないで戻ってきてしまうパターンが多いです。私も県内の図書館設置に関わったときにその自治体の人に紫波町を紹介したりするのですが、一時間で帰ってきてしまう。それって全く外見だけみて、館長の話を聞いているだけなんですね。本当は、課題を聞かなければいけない。岡本さんの本に書いてあるように、長時間かけて滞在する、アポなしでふらりと行く、いまは難しいけれども夜に懇談するなどは、ほんとに有効だと思います。

岡本　あくまで私の見立てにすぎませんが、施設見学論は司書資格の取得で一科目になりうるような意味があるとさえ思っています。須賀川市の担当者の間で紫波町の体験が一種の伝説になったのは、まさに晩ごはんを一緒に食べて、その間、とことん向き合い、話し合ったからではないかと思います。自治体は違っても公務員同士が熱く語り合うことは、大きな意味をもつと思います。

もちろん飲食をともにすることが目的ではありません。須賀川市のみなさんと塩尻市の「えんぱーく」を訪れたときには、こんなことがありました。視察して語らい、懇親会で語らい、さらにその翌日もまた各自が「えんぱーく」を再訪しました。当時館長だった伊東直登さんも印象的だとおっしゃっていました。

「えんぱーく」には日々大勢の視察がきますが、前日に視察して、晩ごはんを食べて、さらに翌日もまたくるというのはそうはないわけです。そして、普通は行政視察で同じ施設に二日続けていくというのはまず認められませんよね。でも実際には視察や見学というのは、一回や一日で終わるものではありません。見学先の施設や地域の複雑な姿を繰り返し見届けないと何もわからないものです。そこで成功の物語ではなく、課題や失敗、うまくいっていないことを聞かないと始まりません。そして、マイナス面も含めて聞き出すには、視察する側とされる側の相互の信頼が必要です。そのために飲食をともにすることが効果をもつことは否定できないところがあると思います。

実際、どんな施設でも失敗や課題を抱えているわけで、自分たちはここが失敗しているから同じ轍を踏まないようにという助言をいままでも各所で見聞きしてきました。これは全体の奉仕者である公務員の世界ならではのすばらしい振る舞いです。自分の町がよければそれでいいというわけではなく、課題だったところは教えて、よその町の人たちに同じ苦労はさせたくないから教えるというマインドがあるわけです。ここには公務員の制度のすばらしい理念があります。

これは公共業務を請け負う我々も見習わなければいけません。情報を囲い込むのではなく、企業秘密として隠すのではなく、公共的な価値があるものは可能なかぎりオープンにしていくことが、公共の仕事を担う資格ではないかと思います。ａｒｇが「ライブラリー・リソース・ガイド」という雑誌を出して、手の内を明かすのもそういう理由です。公金をいただくなかで培った学びは、社会に還元するほうが社会そのものを豊かにします。そして社会が豊かになれば、それは私たちにいずれ経済的なリターンを生む日もくるでしょう。創業して十年ほどがたちますが、この考えは間違っていないと思っていますし、実際、世の中はきちんとみてくれていると感じます。

図書館への民間の関わり

山崎　公共図書館や自治体はライバル同士ではありませんが、企業でも情報の共有などが成り立つことを聞いて、『未来の図書館、はじめます』に相当ノウハウ的なものが書かれていて、企業秘密みたいなものを世の中に出版という形で公開していくことは普通考えられないと思いましたが、いまの話を聞くと背景が十分にわかりました。

さて図書館をつくるときには行政、民間、団体、企業が関わります。団体には日本図書館協会もあれば saveMLAK や私が代表をしているＩＲＩ（知的資源イニシアティブ）のように様々なものがあります。もちろん大手の設計業者、中小の設計業者、それから施工する建築業者、コンサルティング含めて、それが入り交じりながら図書館づくりに関係しています。そのなかで民間団体、弱い面もあれば強い面もあるかと思いますが、岡本さんはいくつかの民間団体を立ち上げられていて、その立ち上げた理由というのを、いままで私ははっきりと聞いたことはありませんでした。今回それらをどういう思いで始められたのかを聞いてみたいです。

日本図書館協会という日本の図書館統括団体、私も多少は関わってきましたが、現状は必ずしも完全にそれが機能しているわけでもありません。さらにプラスして都道府県立図書館があって、私も当事者だったのですが、これも完全に同じ状況です。となると自治体の担当者は図書館設置時に誰かに何かを頼りたいと思うでしょう。そのために、岡本さんが図書館に関わったという現状があるかと思いますけど。

岡本　そういう側面はあるでしょうね。ただ他方、私は日本図書館協会には期待はしているのです。以前に長尾真先生に「組織を作り上げるというのは大変なことですよ。すでにある組織を生かすことも考えたほうがいいこともあります」と言われたことがあります。ご自身がコンピューター・サイエンス領域を中心に数々の組織を発足させ、維持・発展させてきた先人の言葉ですから重いですね。そして、私自身もいくつかの組織を立ち上げてきただけに、同じように思います。こういった思いから、私は日本図書館協会にはぜひ持続してほしいという立場です。同じような組織を別物として一から始めることは現実的ではないと思っています。

日本図書館協会のようなナショナルセンター的な団体に絞って言えば、組織としての規模や歴史を考えると、目にみえて変化が現れるには時間がかかるでしょう。すぐに変化の兆しが現れ、その変化が持続して大きく変わるのであれば、誰も苦労しませんし、それでなんとかなるなら、とうになんとかなっているという諦観はあります。であれば、機能していない部分については、まずはカウンターパートになる活動を立ち上げるのは一つの手だと思います。実際、結果としての現状を振り返ると、私自身の活動はそうなっていると思います。これまでやってきているCode4Lib JAPAN（二〇一〇年―）やsaveMLAK（二〇一一年―）、神奈川の県立図書館を考える会（二〇一二年―）、都道府県立図書館サミット（二〇一六年―）、「図書館」（仮称）リ・デザイン会議（二〇二〇年―）は、それぞれが日本図書館協会を中心としたナショナルセンターでは機能が万全ではない部分の事実上のカウンターパートになっていると思います。そうやって必要を感じた者が仲間を募って始めればいいのです。少し硬い言い方をすると、自発的結社をつくればいいのです。

かつて福澤諭吉らは欧米を訪ねた経験から、自発的結社に大きな意義を見いだしています。実は私が大学で学んだことの一つが福澤諭吉の思想なので、自発的結社という考えには大きな影響を受けています。学びによって得た知識は、明らかにいままで述べてきたような私なりの組織論・結社論の根底にありますね。冒頭に述べた私の人生の最前半戦とつながる話でもあるわけですが、私は図書館に出合い、大学に進むことを強く意識し、運よく実現できました。そこで得た学びがこのようにいまの私を生かしているからこそ、図書館という社会装置を重視するわけです。

さて、こういったカウンターパートの自律的・自立的な自発的結社が増えていくことは、ダイバーシティーという意味でも非常に重要です。言論や行動の場は一元的に集約する必要はありませんから。ただ、ダイバーシティーと並んで重要なインクルージョン（包摂）という観点からすると、日本図書館協会のようなナショナルセンター側にはインクルージョンを真剣に意識して行動してほしいとは願っています。つまり排他的にならないでほしいということです。もちろん排他的であろうというつもりはないと思います。しかし、オープンでないということは、結果的に排他的であるわけです。それはナショナルセンターの振る舞いではないし、日本図書館協会が十分に機能するに至っていない部分で重要なカウンターパートを果たしている側からすれば、愉快でないことは確かです。

ところで、組織論・結社論として最近非常に重視しているのが、適切な世代交代を図っていくことです。三十代半ばで図書館業界に参入した私も、もう五十代に手が届こうとしています。人生百年時代と連呼されていますが、仮に百年・百歳と考えても五十歳は折り返し地点です。年齢で一律に区切る必要はないでしょうが、しかし独り善がりにボールを長くもち続けるのではなく、早めにパスを出していく必要があります。日本図書館協会をみれば、この対応を誤ると深手を負うことは明らかです。他方、活動に勢いがある図書館問題研究会はもうしばらく前にかなり若い担い手への世代交代を経ています。

ちなみにsaveMLAKがコロナ禍でおこなっている調査活動があります。実は、私はこの活動にはほとんど役割を果たしていません。誕生から十年のsaveMLAKはこの段階でこそ、初期メンバーが何もかもやってしまう・やってくれる段階から前に進む必要があると思っています。そういう意味では、直近におこなわれたLibrary of the Year2020の最終選考会で二十代の学生が審査員を務めたことは大きな意味があると思います。四十代や五十代は脂が乗ってきて、ここからが活躍の場だというタイミングでしょう。特に年功序列の人事評価がいまだに幅を利かせる公務員組織が運営する公共図書館の場合、そう思う気持ちはよくわかります。ただ、そこで私たちはもう少し賢明に振る舞えないでしょうか。いたずらに一線を引く必要はありません。生かせる能力は積極的に生かししていきましょう。しかし、そのとき自分が若いときにほしかった機会を次の世代に少しでも送りたいところです。Library of the Yearの審査員を務めてくれた岡村真衣さんは私が推薦したわけですが、例えば私が同じポジションを続けるよりもはるかに意義があったと思います。彼女個人にとっても、社会全体にとっても。

山崎　おっしゃるとおりだと思います。岡村真衣さん、岡本さんの推薦でしたね。いままでいちばん若い審査員でしたが、ほんとにしっかりした人で、若くても図書館に対する考えがしっかりとあるというのが今回わかったことです。やっぱり世代に引き継いでいくことを考えなくては、年齢バランスを考えると、老人クラブになってしまいます。私は設計業者にたくさん知り合いはいませんが、実際に図書館を建てるときに話をしたりすると、彼らも学びながら育っていくと感じることがあります。最初は図書館のことがわからなくても、議論をしていくうちに図書館について関心をもち、様々な提案をしてくれるということを何回か体験しました。ただチャンスがなければいけない。どうしてもネームバリューで決まってしまうことがありますが、それ自体は悪いわけではないのですが、若手にも機会が必要だと思いました。

この間、横手市で一緒に議論していた設計士が新しい図書館に関わるという連絡をくれました。彼とは岡本さんも知っている横手市の医師で街づくり活動家の細谷拓真さんと私の三人で横手市の新図書館についての議論をしてきました。また、紫波町で関係した若い設計士が、次の図書館建築に関わって活躍していることを聞いたりして、うれしいと思うと同時に、私も一つひとつに真摯に向き合い、お互いにしっかり話し合いながらともに育っていくことが大事だと思います。岡本さんもそう考えていると私は思いました。

岡本　設計に限らず、どういうコラボレーションを生み出せるかは重要だと思っています。正直に言えば、私たちもまだまだできていないのが実情でもあります。地域の人々との協同、先ほど述べた産官学民の連携を進めることは欠かせません。

いま青森県でやっている仕事では、ローカルアーキテクトといわれる従来の地方工務店とは異なる方々と協同しています。グローバルに活躍する技量があり、実際そうやって活躍しながら、同時にあえて地方都市に根をおろすのが、ローカルアーキテクトと言っていいでしょう（五十嵐太郎編著『地方で建築を仕事にする』学芸出版社、二〇一六年）。このプロジェクトには大学の研究者の方々も参画していますし、もちろんその地域で生きる方々も関わっています。県立図書館の方々とも連携しますし、この地域で育っていまは別の都市で働く図書館司書の友人に助言をもらうこともあります。こういった連携をもっと広げ、深めていきたいと切に願っています。横浜にオフィスを構える私たちはどうあっても、都市から地方の仕事をしにきていると受け止められます。

もっとも私の場合、横浜が故郷であり、故郷であるがゆえに様々なことが好都合であるからこそ横浜であるというのが本音です。ともあれ、そう見られる立場として特に気にかけているのは、地方で私たちが永続的に中核の役割を果たすようにはしないことです。住まっているわけでもない地域に責任ある立場で関わり続けるのは決して好ましいことではないと思っています。これは資本移転の構造的かつ深刻な問題として真剣に考える必要があります。東京を中心とした資本が地方の資本を吸い上げてしまう近代以降の構造を維持し続けるかぎり、この国の救いはないと考えています。その構造の転換を図る必要があるのです。そして、この話はより厳密に言えば、「都会」対「地方」という構造だけに集約していいことでもありません。最近はゆるやかに地方間での資本の移転・収奪が進んでいる、つまり地方都市間競争が激化しているとみることもできます。

いずれにせよ、その土地で相応の責任を果たす者に資本が蓄積されるようにすること、そして蓄積された資本がその地域に再投資されるようにすること。このような資本の循環・成長の構造、つまりエコシステムを大事にしないと、豊かな明日はやってきません。地方の衰退はますます進むでしょう。この状況に対する一種の抗いとしても、私は地域での産官学民連携を重視したいと思っています。華やかなスターチームを率いてその地に乗り込むのではなく、その地域でチームをつくっていくことが最も望ましいでしょう。もっとも、理想は高く、現実は厳しいことも少なくありません。例えば、よくあるのは都市と地方での産官学民のいずれであれ、担い手の経験の差、その差からくる現実的な力量の差です。ここはおためごかしを言えないところで、ときとして恐ろしいほどの厳然たる差があります。もちろん、ローカルアーキテクトの例もありますし、最近ですとローカルジャーナリストを名乗る田中輝美さんのような存在もあり、地方にこそ秀逸な人材がいることもあります。ですが、これらはまだ例外的な存在です。全般的には競争的な環境が弱く、知識や経験のアップデートに熱心にならなくてもやっていけてしまう環境が地方にあるのは事実です。このような構造的な格差や矛盾があるなかで仕事をしていくわけですが、その際に少しでも連携のなかで知識や技術の移転ができればと思っています。地域での産官学民連携を進めるなかで、全国各地で活動する私たちだからこそもつ知見を特定の地域に移転し、逆にその独特の地域だからこその知見を私たちが学んでいく、という双方向のサイクルは実現できますし、ある程度は実現できているように は思います。

そして、この関係性をさらに踏み込んで作っていきたいと思っています。端的に言えば、その地域で一定の責任を担うということですね。例えば、地域での事業を進める事業体に私たちが資本参加するというのはかなり重要な一案です。地域経営・都市経営にリスクを負いながら参画し、担い手の一員になるということですね。もっとも、そのためにはまずは私たちの経営体力や資本力を上げていかなくてはいけないのが実情でもあります。

図書館員に求められるもの

山崎　岡本さんのような方がたくさんいれば、そこの問題はほとんどなくなるのですが、現実はそうではないですね。

最後にいったん図書館づくりという話題から離れます。これからの図書館員について特に公共の図書館で何が必要になるのか、様々な能力を図書館員はもつ必要があると思いますが、従来の基礎的な図書館に関する知識に何をプラスすればいいですか？

岡本　様々な論点があると思いますが、少なくとも公共図書館で働いている公務的な立場にある人たちに限って言えば、やはり行政執行能力に尽きると思います。地域政策や自治体経営として図書館をどう進化させていくのか、そのための財源をどう調達するのか、政策決定で民主制下の合意形成をどう図るのか、といったことになろうかと思います。

行政執行の具体的能力というものの根源的な一つは、法を立法者意思から的確に解釈し、適正手続きを執行できることです。万一、いま述べた「立法者意思」と「適正手続き」を誰かに自分の言葉で説明できないなら、真剣に身の振り方を考えたほうがいいレベルです。しかし、残念ながら現に該当してしまう人は少なからずいるでしょう。身の振り方を考えたくなければ、いますぐそれこそ図書館を使って真剣に学びましょう。

一市民としては憂慮する事態です。すでにある法体系に基づく行政執行について、いわゆるコンサルタントの助言や支援を必要とするというのは、行政の敗北にほかなりません。そのような行政が住民の命や財産を守れるとは思いませんから。もちろん、こうなっている責任は行政機構だけに帰すものではありません。行政改革と称するむやみやたらな人員削減を望んだ民意の責任も問われる必要はあります。ともあれ、行政機構は適正手続きに基づいて法の求めるところを執行するのが、その役割です。こうした言葉に込められている一言一句が本当にわかるように勉強してください、というのは切に願うところです。

こういった能力を培うには、一度図書館以外の部門を経験することも選択肢の一つだと思います。どのような法とその理解に基づいて、行政機構はどのように権力を執行しているのか、あるいはしていないのか。それを全く異なる部門で経験することは、最高の実地訓練ではないでしょうか。ただ、気をつけてほしいのは、逆に都合よく洗脳されないことですね。これはときおり見かけます。特に教育委員会から首長部局に異動・出向すると、図書館はコストであるという、これまた非常に底の浅い行政観・政策観を大量に浴びせられます。その結果、図書館に戻ってくると、見事なまでに首長部局の論理と価値観に染まっている人を見かけることがあります。結局は自分自身で考える訓練ができていないということにほかならないのですが、心を強くもてるように学び続けてくださいとしか言えないですね。

ちなみに、私たちは自分たちをコンサルタントだとは思っていません。あくまで多様なデザインとプロデュースをおこなうのが私たちの仕事です。既存の制度や体系では解決できない課題に向き合う際に随伴するのが私たちの仕事です。例えば、須賀川市民交流センター tette の整備では、私たちはこれまでの「複合」ではなく「融合」という新しい課題に向けてともに歩みましたし、いまも歩んでいます。西ノ島町コミュニティ図書館では、「コミュニティ図書館」といういままでになかったコンセプトの実現にともに尽力しました。挙げだすとキリがありませんが、それが私たちの仕事です。私たちはこういう仕事をしたいのです。

これとは逆に、行政機構の最も重要な役割を民間企業に依存するようになってはいけません。繰り返しますが、法の理解と運用、立法者意思を踏まえた法の適正手続きによる行政権力の執行は行政官だけがなしうる特権なのです。

山崎　全く同感ですね。具体的には企画ができたり、マネジメントできたり、広報活動をしっかりおこなうことができたりです。『未来の図書館、はじめます』でデザインという言葉がかなり出てくるわけですが、デザインという言葉は間違えると狭義のデザインと勘違いしてしまうと思うんです。けれども、実際に岡本さんの話を聞くと、すべてはデザインに通じるんですね。全体の自治体のデザインのなかに図書館をどのようにはめ込んでいくかということだと思います。そのあたりをいまの図書館の司書課程のなかで学ぶ機会は、そんなに多くはありません。私も大学で教えていましたけれど、そういう話をする科目自体がないんです。それを学んでいない人が現場に採用されると、当面使えないんです。それがいまの現状です。私は司書課程でももう少し教えてほしい。もちろん図書館現場に入ったときに、これらを学ぶ場が全くないわけではありません。岡本さんもされているわけですが、非常に少ないです。伝統的な技術について学ぶことが比較的多くありますが、それ以外となると教える先生も少ないということもあります。このことは日本図書館協会で本来やってほしいとも思いますが、そこは多様性が大事な側面だから、あんまり一つの機関だけというのは難しいかもしれません。いろんな団体が得意な分野について関わっていってほしい。

図書館と直接の関係はありませんが、私も内閣府でデジタルアーカイブについて議論をしていますが、やはり視点は限られてしまいます。私が強く言っているのは「広報活動についてどうすべきか」、地域の人に使ってもらわなければ、結局長くは続かないです。例えば、図書館でよく話題に出てくるのは商業データベースの活用の問題ですね。商業データベースを使っている図書館と使っていない図書館の差はものすごく大きいです。百万、二百万円かけていて年間の利用回数を数えてみるととても継続できない。一方で、それをうまく使っている図書館もあるわけです。そこの部分はマネジメント、広報の差だと思います。図書館の方々には広く学び、視点をたくさんもってほしいと私は思います。岡本さん、最後になりますが一言あればお願いします。

岡本　本書をきっかけにぜひ視野を広くもち、常に学んでいくようになるといいなと思います。そして、図書館に限って言えば、都道府県立図書館について山崎さんの後を継ぐ、山崎さんを超えていく次世代が登場してほしいと願っています。山崎さんにはａｒｇが出している「ライブラリー・リソース・ガイド」（ＬＲＧ）に二度も登場していただきました（第十五号、第二十九号）。つまり、それだけ共有すべきと思うような経験をおもちなのですが、いまの都道府県立図書館には山崎さんのような経験をもつ管理職が非常に少ないと感じています。ぜひ、本書をきっかけの一つにして、山崎さんに続く都道府県単位でリーダーシップを果たす方々に登場していただければと期待しています。

山崎　お忙しいなか、ありがとうございました。

参考文献
岡本真『未来の図書館、はじめます』青弓社、二〇一八年

第8章

キハラが図書館のためにできること

木原一雄［キハラ代表取締役］／
山崎博樹［知的資源イニシアティブ代表理事］

日本国内には図書館を支えている企業がいくつもあります。優れた製品を提供してくれる企業がなければ、優れた図書館をつくり、運営することを図書館員だけで達成することができないことは言うまでもありません。図書館を支えている企業がどのように考えて仕事をしているのかは興味深いことだと思います。今回、対談をお願いした木原一雄さんは老舗の図書館関連企業の代表を務めておられ、私も普段からお話しをする機会が多い方です。会社の経営ビジョンから始まり、仕事への考え、図書館への思いと話は広がっていきます。

経営ビジョン

山崎博樹　キハラの代表である木原一雄さんに、キハラの製品、社是、経営についてお聞きしたいと思っています。最初に、キハラの社是、経営理念をお話しください。それをみると、人とかつながり、継続性、いい商品を作るというようなキーワードがあるような気がします。この経営ビジョンは、わりと最近作られたものだそうですね。

木原一雄　このウェブサイトに掲載している経営ビジョンは、百周年のときに作りましたので六年目になります。それ以前は、会長が作ってくれていた経営方針というものがありましたが、それをもう一度私なりに解釈して、新しい体制でやっていくといったときに自分の言葉で作り直したものが、今回の経営ビジョンです。すべてが「我々の夢は」という言葉でスタートしているところが一つの特徴で、我々がお客様に宣言するようなイメージで書いてあります。

山崎　特に「長期間」という言葉がすごく気になったんです。御社が、わりと古くからある会社、百十年くらいたったんですか？

木原　今年で百六年です[1]。

山崎　百六年ですか。普通の会社に比べても非常に長く、単一業種の会社でも業態は変わっていくことがありますが、一貫して図書館を相手にしてきたという点で非常に珍しいと思っています。「将来、二十年、三十年と時間がたったときに」という言葉が経営ビジョンにありますが、そこはやはり意識されたのでしょうか。

木原　百周年の記念誌を作成したときに、長くお付き合いしているお客様にお届けしました。そのときに、「いまでも二十年三十年前の家具、キハラさんの使っているよ」と言っていただきました。「長いお付き合いさせてもらっている」という言葉を聞くにつれて、いまこの場で私が会社をやっているということは、「先輩たちが作ってきてくれたものをいったん受けて、また次の世代に渡していくという、一つの通過点でしかないな」とあらためて思いました。私たちの先輩たちが築き上げてきたものがあるからこそ、キハラに対して期待と信頼をもっていただいていると思います。例えば、営業がいまやっている仕事の評価は、二十年三十年後に自分たちの後輩たちがやはり「キハラさんの製品いいね」と言っていただけるかどうか。それがいまのこの一瞬にかかっているということです。ぜひともこの百周年という節目に、社員にはあらためて意識

してほしいなというところで、長いスパンでみましょう、と表現しています。

山崎　三十年後の効果をみるということは教育みたいで。教育が十年、二十年、三十年先を見据えているので、似ているなと思って聞いていました。

木原　だいぶ昔に納品した書架があって、これに対して「どうなの、キハラさん直してよ」といった話が通常の日常会話でありますので、そうなるとやはりうちの社員も、生半可なものはお納めできないという意識はあると思います。

山崎　社員のみなさんにも図書館が仕事抜きでも好きだという人が何人もいらっしゃる。少ないんですね、こういう会社。

木原　本当にそれはそうです。

山崎　それに関しては、キハラさんの場合には売ることが主になっていないと言えば大変失礼かもしれませんが、もちろん商売としてゼロではないと思いますが、前面に出されるということは少ないなといつも感じていました。私はいままでキハラの秋田県の担当者と話をしてきましたが、いろいろと県内外の図書館の話をうかがっていました。私にとってはもうこれは大変な情報源でした。

木原　そう言っていただけるのは本当にありがたいです。会長のときからずっと言われているのが、経営ビジョンにも書いていますが、「我々は図書館のパートナーになりたい」ということです。業者とか格下とか格上ではなくて、隣に立って、図書館の目指す方向、よりよいあるべき方向をお客様と一緒にみるパートナーになりたいと考えています。何か物を売るというよりも、お客様の困っていることや潜在的なニーズを引き出して、こうしたらもっと図書館で働く人、そこに集う利用者が喜ぶことを一緒に考えていきましょう、と常に言っています。社員も物を売るだけでなく、お客様と一緒に課題を解決して、よりよい図書館をつくっていきたいという思いが強いと思います。

山崎　視点が対図書館とその先の利用者にあるというイメージですか？

木原　はい、そうですね。納品後、図書館職員の方から、利用者からこんないい声がありましたよ、と言われるのがうれしいです。職員が助かるだけではなくて、職員のお客様である利用者、ゲストの方々が喜んでくれているということを伝えていただけるのがいちばんうれしいです。

山崎　その先に住民がいるという意識があるのではないでしょうか。そういうふうなビジネスって難しいんですね。御社には県内の図書館を建てるときによく相談していましたが、必ずしも売れるという保証がないなかでも相談にのってくれる。本当に頼りになるんです。「こういう配置でいいのか」と言ったり、「配置図面を書いてほしい」とかですね。これらは必ずしもビジネスに直結するのではないのですが、やはり頼りになりました。できるだけ営業担当者の話に耳を傾けようと考えましたが、お話のなかではビジネスというイメージが少なく、一緒に図書館をつくるという方向になったと思います。そういう社員が多いのかなと思いましたね。

木原　それはもう会長のときからですね。困っているときこそ力になりましょう、という思いを社員は守ってくれるので、逆に私が心配するぐらいです。赤字覚悟ではないですが、費用度外視なときもたまにありますが、でもそれは本当にうれしいです。

山崎　そのとき赤字でも長いスパンでみれば、そこがあるから存在してこられたというのもあると思いますね。

木原　その点については、ちょっと偉そうですが、オーナー企業で会長がいて私がいてという環境のなかでやっている、オーナーと社長が一緒という点で、ゆるいと言えばゆるいのですが、長いスパンで見られる、そこがいいところだと思っています。

山崎　企業のサイズもあるかもしれないですね。本当に大きい企業になればやはり株主とかもいて、そのために利益を出さなければいけないとなりますが、短期的な利益追求というところが大きくなってしまう。その点がやはりオーナー企業なので、伝統的なものをしっかり守れていい商品を作るというところが結局はブランドをしっかりと守るということになりますね。ちょうどいいサイズなのかもしれませんね、まあ失礼な話ですけれども本当に。あんまり大きくなってしまうと理念というのは失われやすいかなと思います。全員がその理念をもってやることの難しさというのがやはりどんな企業であれ、どんな組織であれありますね。私は現役時代に企業理念を連呼するなんてことはなかったですが。

木原　そのとおりだと思います。

山崎　企業であれば当然そうなるでしょう。でもそれはいいことだと思っているんです。同じ職場で働く人たちが同じ理念をもつということは、やはりプラスαの効果をもつのではないでしょうか。そこを抜いてしまって「物を売ってこい」と言ったら、やはり働きの楽しさがなくなってしまうと感じます。自分たちの製品が図書館に納められて、新しい図書館ができる。そしてその製品が二十年後三十年後もまだ十分に利用されている、というのをみるのはキハラの社員のみなさんにしてみれば本当に幸せなことではないでしょうか。常にあるので目の前にね。称号的なものはこっちにあるのでしょうけど、称号でないものもあって、それは大きな仕事の支えになっているのではないかなと思いますね。へたなことできませんよね。

木原　おっしゃるとおりです、本当に。

図書館の製品づくり

山崎　十年後に影響が出てくるので、「なるべくいいものを作りたい」というのがそこにあるのかと思います。製品づくりの話について言えば、私も三十年くらい前に図書館に異動し、新しい図書館の担当になってから、いろんな方と会いました。いつも商品カタログが自分の机の上に満載なんですね。そうするといろんな会社を比べてしまいますね。値段の違いもある。老舗の企業の製品はなんでこんな何十万もするのかなと思っていました。普通に家で買うときって書架は数万円ですが、どうして図書館のこの書架って値段が二十万円ぐらい違うのかなって、当初はわかりませんでした。しかし自分が仕事をしていくなかで、何十年も使っていくと差が出るんですね。結局十年使って壊れるものと三十年使って全く問題ないものの差というのは、お金だけみても十万円で買って十年で壊れるものを三十年使えばそれで三十万円です。それでは最初から三十万円出したほうがいい、ということになります。そしていい物だから長い間使える。日本の家具の考え方というのは五年単位です。欧米では家具は百年とか五十年使い、家具を財産としても考えます。それに近いものがあるのかな。例えば古くなった書架を加工してもう一度使えるようにする過程をみたことがありますが、そういうのをみるとやはりこれはお金を出す意味がここにあると思います。

木原　ロングライフを常に頭に入れながら、どれだけ使ってもなるべく壊れないようにという思いがあって、学校では、司書の先生が学生時代に使っていたテーブルがそのままいまだに使われているということが珍しくありません。日本にはもともと、いいものを大事にして直しながら使い続けて後世に残していくという文化があります。そういういい文化はなくしてはいけないという思いがありますので、そこがうちの会社の根底にある理念だと思います。

山崎　見えない部分にお金をかけているわけですね。

木原　そうですね、見えないから説明が難しいです。

山崎　例えば、家具の継ぎの部分というのは見えないですね。そういう部分って結局強度に直結します。そこが弱ければすぐ壊れてしまいますから。

木原　ブックトラックはすごくいい例で、こちらとしては自信がある商品なので、たくさん買ってもらいたい、使ってもらいたいというところはありますが、「なかなか壊れないから買えないよ」というのでしょうか。

山崎　以前の電球がいまはＬＥＤだから簡単に壊れないでしょう。電球は、わざと壊れるように作っていたという伝説があって。つまり消耗品だからどんどん買ってもらわないといけない。単価が安いですしね。ですが、いまのＬＥＤはたくさん売れないんですね。でもそれは正しい商品の作り方だと思います。どこに視点をもって物を作っているかというところだと思います。お客様の顔を思って作っていたら、へたなことはできないはずです。

安全、安心を目指して

木原　最近の商品開発や施工で言うと、以前にも増して、より安全性を第一に考えるようにしています。自分の子どもや家族が使ったらどうかというように、より身近で現実的に使っている姿をイメージしながら取り組んでいます。

特に開発では、ストーリー性を大切にしようと言っています。なぜこういう商品を作ろうと思ったのかというところから始まって、これを使うことによって図書館職員や利用者がどういう生活を送れるだろう、というところをなるべく具体的にイメージしたうえで開発するように意識しています。

山崎　震災のときにも顕在化した問題ですね。ちょうどあのときは減震書架（グラッパ書架）[2]ですか、金沢工業大学と連携されたのですね。

木原　自分が消費者の立場で考えると、メーカーが勝手に実験して、勝手にいいデータを作っているのではないかと疑ってしまうところがあります。金沢工業大学、金沢大学大学院地震研究室といった、公平性があり第三者の公的機関という立場の方々と一緒に製品づくりをさせてもらったというのは、非常にいい経験になっています。

山崎　ちょうど紫波町図書館を建設しているときにグラッパ書架を入れていただいて。初めての本格的な導入だったかもしれないですが。

木原　はい、岩手県の紫波町図書館は二〇一二年八月の開館で、最初に採用していただきました。

地震の話になるとこれもまた長くなりますが、グラッパ書架を入れたり、安全安心シート(3)を敷いたらもう本は落ちないのかという話になるわけです。地震波はどういう波形の地震がどの方向からくるかわからないし、絶対に本が落ちないということはありませんが、本の落下を遅らせる、非常口を確保するのに時間稼ぎができますよ、という商品ですので、そのことをご理解していただきたいと考えています。どうしても日本人は完璧を目指して、百パーセント安心というものがほしくなるようですが、絶対ということはないですから、地震対策に関しては特に丁寧に説明しています。

山崎　本を守るためのものではありませんからね。人間を守るためのものですから。

木原　おっしゃるとおりですね。

山崎　そこがいちばんです。三・一一のときに、キハラさんはすごく早くプロジェクトを作られましたよね。私がみていて本当に早いなと思いました。

木原　被害を受けた図書館には、一カ月後の四月から動きだしましたが、全体の状況をつかむのは遅かったかもしれません。

山崎　実際に動くには若干時間がかかったと思いますが、企業としての判断は早いと思いました。

木原　ありがとうございます。あのときは何かしなくてはという思いが強すぎて、でも何をしたらいいかが非常にわかりづらくて、情報もないなかで、もどかしい思いをしていました。

山崎　「笑顔を届けるプロジェクト」(4)も命名し、実行されたんですね。

木原　そうですね、後半に学校図書館でのプロジェクトをやるようになってからですね。

山崎　最初はブックトラックの寄贈ですか？

木原　はい。あの状況で、大手の会社であればお金を出したり人を出したりといったいろいろな支援活動ができたのでしょうが、我々の会社規模で、しかも図書館業界でお世話になっている我々が、業界に対して何ができるのか、ということを社員全員にアンケートを取りながら一生懸命検討しました。その結果、まず、いろいろな用途で使ってもらえるブックトラックを自分たちで届けて、被災地で使っていただこうというところに行き着いたのですが、本当にあれでよかったのかというこ とはわかりません。当時は精いっぱい考えたうえでベストだと思ってやったつもりです。

山崎　大きな企業と違って小回りが利いたので逆に早く決断できたのではないでしょうか。もちろんやれることは企業それぞれのなかでできることしかありません。それでもそれなりの決断が必要ですし、社長を含めて社員のなかでもご相談されたと思います。社員のみなさんもそういう思いがあったということでしょうか。

木原　うちでは反対は全くなくて、私も行きたいと言ってくれる社員が多かったので、そういうところは非常にうれしかったです。

山崎　そこはキハラさんの強みですね。そういう社員がいるというところが、社長として大きいと思います。自然的なところが共通されているというね。必要なものだと思いますね。それ以外にも継続的にいろんなことに協力されていると思うんですね。図書館大会などで用品を提供していただいて。

木原　おかげさまで毎年やらせていただいています。昨年はオンライン(5)でしたので大会会場での配布ではなく、クリアファイルを作成しました。こうした点では図書館業界にみえる形で、若干ですが貢献しているかなと思います。

山崎　私は全国図書館大会、秋田県大会[6]の主担当だったんです。で、そのときにキハラさんから参加者向けの資料入れを寄贈してもらっていますが、どうしてこれを無償でくれるのかと思いました。ここまでお金を出してくれる理由はわかりませんでした。それ以外にも図書館総合展で出展したりセミナーを開催したり、やはり姿勢が一貫されているところがあります。

木原　本当に最近思うことですが、こうした支援は言い方は悪いですけれども、始めるときは勢いがあるときなのでそれができるのですが、どこまで継続させるかということが非常に難しいとつくづく思っています。立ち上げるときにどれくらいをめどにということをある程度考えながらやらないといけない。ずるずるやって尻切れトンボみたいになってしまうのもいやですし、支援ばかりでみんな疲れて意義がみえなくなってしまうというのも本末転倒です。そういう意味で言うと今回の東北の支援に関しては、十年という節目で、「笑顔を届けるプロジェクトファイナル」[7]をあのような形でいったん迎えられそうだというのは私にとってとてもありがたいことだと思っています。十年間いろいろな方々の力をお借りしてやってこられて、みんなの思いをつなげたことはよかったのではないかと思います。

山崎　支援活動というのは一回やったら責任が出てきますからね。一年二年とやってやめるならやらないほうがいいとなりますから。支援活動のやる気に影響します。それだったら私は支援を受けたくないと思います。やるのであったら最低限何年かやらないと効果はみえません。そうした問題はキハラさんではなかった気がします。私自身も Library of the Year[8]を五年間運営して、その五年間ずっとキハラさんに支えてもらっていました。キハラさんにとってあまりメリットは少なかったかもしれませんが。

木原　いろいろ勉強させていただいています。Library of the Year には私なりに夢があります。Library of the Year は、業界内で「ここが頑張っているよ」という実績をねぎらって表彰し、図書館界を元気にしてくれています。ぜひ山崎さんには「図書館でこんなことをやっているんだよ」ということを一般社会に広げる役割を担っていただき、賞を取った人や図書館が三大紙などに取り上げられるというところまで高めていただければと思っています。そして、もっとたくさんの人たちが「図書館が面白そうだな」と気づいてくれれば、図書館自体の魅力が上がるだけでなく、その地域の活力も上がって我々にとってもよりよい世の中になるのではないかと思います。

山崎　それは長期間を見据えたビジネス視点ですね。結局キハラさんも図書館が繁栄しないといけないというのはもちろんありますけども、そういうふうに考えていただければ私たちもありがたい。キハラさんと私が出版に協力した加納尚樹さんの本『ホテルに学ぶ図書館接遇』（青弓社、二〇一八年）もたくさん売れているようでよかったです。

木原　ありがとうございます。おかげさまで評判がいいようです。実は、利用者として図書館に行ったときに違和感を感じたことがありました。なぜ違和感を感じたのかというと、ホテルに行くと丁寧に応対され、ファミリーレストランに行っても「いらっしゃいませ」と言ってニコニコしながら応対してくれますが、図書館に行くとニコニコしてくれない、といったときに「あれっ？」と思うわけです。以前でしたら「図書館は行政だから仕方がない」と納得していたのですが、なぜ図書館ではそのような応対なのだろうと思っていました。そのようなときに、加納さんと出会って「図書館の応対についてはどう思いますか?」と聞くと「やはりサービスだから接遇をよくしないといけないですね」という話で意見が合いました。そこから図書館接遇に特化してどういう点をよりよくしていけるかを提案していこう、一石を投じようという企画で取り組んだ次第です。

山崎　私はそういう意識はもともともっていたのですが、あらためて考えたことはありませんでしたね。加納さんとお話しして、著書も読んで、こういう視点を考えなければいけないと思いました。加納さんが言う接遇は、私が当初思っていたものよりもずっと広範囲なものなのだと思います。この部分はやはり考えないといけないんですね。高校生のころ、県立図書館に行ったらしかめっ面の司書のおじさんに入り口で利用するための座席札をポンッて渡されたことを覚えています。当時は「場所を借りにきてるから申し訳ありません」と思っていました。いまだとそんなことやったら誰も行かないと思いますが。それぞれの図書館がもっている雰囲気というのがあり、それも大事です。加えて、さっきお話しされた職員の笑顔、これで図書館のファンになりますね。

気づくということ

木原　加納さんとお話ししていて私がいちばん得たものは「気づき」なんですよね。お客様のところに同じ会社の上司と部下が行ったときに、違うお辞儀の仕方をしていたらおかしいよね、と加納さんに言われてはじめて、気づきを得てしまったからもう大変です。それからいろいろなところに目がいくようになりました。気づくということはお客様の考えていることにも気配りができるようになりますし、思いやりがもう一段深くできるようになったという点は非常によかったのではないかなと思っています。図書館でも、本や情報を提供するだけでなく、もう一歩それを伝えるためには、ここまで踏み込んでくれるともっとわかりやすく伝わるよ、というような気づきがあれば、図書館業界がさらによりよくなるのではないかなと考えています。

山崎　それは一昨年度の図書館総合展のセミナーで紫波町図書館の事例で出てきた話ですね。紫波町ではいろんな優れた図書館サービスをしていますが、いまは、私はいちばんのウリはそこの部分かと思っています。

木原　あのような接遇は自然にできるものでしょうか。それとも、みんなでケーススタディーをしながらやられているのですか？

山崎　自然ではないですね。

木原　やはり、そこに気づいて、意識的にこうやろうよということですね。

山崎　館長のポリシー、それから職員の考え方。やはりお客様をいちばん大切にするということだと思います。それを、朝、デパートみたいに笑顔で迎えるというのは工藤前館長の提案もあったのかもしれないですけど。これはいやいややっていたらできません。どんなことでもサービスというのは自然と笑顔にならないといけない。お客様は結構敏感だと思うんです。作ってやっているものは見抜いてしまいます。ましてや毎回行くところです。私はコンビニエンスストアなどに行って、丁寧な言葉を言われてもあんまり気持ちよくないです。「この人本当にそう思っているのかな」と考えてしまう。マニュアルどおりにしゃべっているんです。図書館の職員がそうであれば、継続的に来ていただくということで成り立つ図書館は、利用者が増えていかない。コミュニケーションを大切にしてサービスするということの喜びを図書館員も感じるはずです。お客様にもそれが伝われば、そしたら互いに win-win の関係になります。建物が小さくても本が少なくても来てくれるようになるんです。住民から「こういうことをしませんか」と言ってくれることが出てきます。そういうコミュニケーションができるのが図書館のいいところかなと思いますね。技術的なことも書かれていたんですが、理念ばっかりしゃべっていても進まないので。やはり両方が必要だと整理されていました。スペシャリストと話すと、あるレベルにいくとみな共通の考えになり、差が小さくなります。

この本での対談も今回で八回目ですが、やはりお話ししているとみなさんの考えに違和感がなく、話している視点が似ているんです。視点だったり、考え方だったり、コミュニケーションだったり、いろいろと共通しています。例えば元鳥取県立図書館長の齋藤明彦さんは必ず「県民」という言い方をされます。利用者という言葉を使わない。それは視点に基づいていると思います。利用者は来ている人のことですから、来ていない人もいるということです。そういう視点をもっていれば、言葉の使い方も違ってくるのかと思いました。

木原　山崎さん、「利用者」という言葉を、図書館からなくす勢いで、みんなで「お客様」や「ゲスト」という言葉に置き換えられるような運動をできると、すごく面白いと思います。

仕事に対する理念

山崎　そういう気持ちを、まず、もたなければいけないですね。まだそこまではいっていないかもしれません。まだ仕事を楽しめていないんです。私の現役時に「今日はたくさんの来館者がいて、疲れたね、大変だったね」という言い方をする職員がいました。私はそれに対しては「もし、あなたが企業で仕事をしていたら、そういう発言はしないでしょう。今日はたくさん人が来たからありがたかったと言うでしょう」、それなのに「疲れて大変だ」という言い方は、いかにも自分が損したみたいですね。忙しいときに勤務したので、それは仕方がない面もあるかもしれませんけど、仕事に対する理念をもっていなければ仕事を楽しめませんし、それは働く本人にとっても損なことだと思います。

木原　私もそのように思います。

山崎　若いときはやはり私はいろんな事業をしましたが、他人が喜んでいる姿を見るということが自分にとっても最大の喜びだなと思えるようになったのは、ある程度の年齢になってからです。いまは自分のやりたいことをやっていますが、それが社会に役立つと感じられれば、私もハッピーだと個人的には思います。

木原　我々の場合には、商品を売ってサービスを売って、という会社なので、選ばれなかったらもうだめなんです。ライバル会社がいるなかで、「キハラさん」って最初に声をかけていただいた。それだけで、もう感謝なのです。なおかつお客様の隣にいて、パートナーとして課題を一緒に解決して、お客様に喜んでいただいてゲスト（利用者）の方も喜んでくれて。なおかつお金をいただいて、そして我々の生活が成り立つということは考え方によってはとても幸せな仕事をさせてもらっている、という思いです。社員はみんなそう考えてくれていると思います。そう考えると、大変だけれど幸せで感謝しかありません。

山崎　企業と行政の違う点として、行政は税金で前払い、企業は後払いということがあります。結局、そんなに変わらないのかもしれません。やはり誰かを幸せにすることは自分の幸せになる、お金であれ満足度であれ、それがなければつらい仕事はできません。

木原　捉え方、考え方次第ですね。

山崎　様々な企業の営業担当者とも話をしたことがありますが、この点を話すと「目からウロコだ」という人もいます。きっと普段は苦労されているのでしょう。営業ではやはり思いがけないようなひどい言葉をかけられてしまうこともあります。それはつらいです。例えば、しっかりとした製品を購入され、結果お客様がハッピーになってくれたら、それを販売したキハラさんの社員は幸せになると思います。自分が何かできるということは、誰かほかの人が自分に力を与えてくれているわけだし、それに自分が何かすることでも、またいろんな人が幸せになる。立場が違う人でも同じで、経営者でも下っ端でもつらさはそれぞれありますが、楽しさは共通するところがあると思います。

木原　どんな仕事であれ、ワクワク感をもってやってほしい、幸せになってほしいと思っています。たとえ自分が望まない与えられた仕事であっても、このように仕事を進めたら自分はワクワク感をもてるんだ、というように仕事の捉え方を転換することによってワクワク感をもってニコニコしながらやっていると集中力も高まっていくと思います。そしてそのような頑張っている姿を見ると周りも助けてくれるので、さらに成功の確率も高まります。やらされ感で暗い顔をしていると周りも声をかけづらくなって誰も助けることができないので、なおさら失敗の確率が上がると思います。

　ですので、カラ笑顔ではないですが、笑顔で何かをやっていると、ワクワク感が周りに伝わり、みんなが助けてくれていい方向にいくと思います。そのようなチャレンジを会社のなかでもたくさんできるようにしている最中で、とにかくチャレンジしてどんどん新しいことをやっていかないと我々のような企業はだめなのです。ですので、常にやらされ感ではなく自分事としてワクワク感をもって仕事を進めていこうと言っています。

山崎　やはり、やらされ感というのはよくない。会社であれ組織であれ上司から「これをやれ」と言われるのは当たり前のことです。自分の好きなことだけをやることはないですから。私は比較的好きなことばかりやってきましたが、上司に「これやってくれ」と言われたこともありました。当然、それでは面白くはない。しかし、面白くなければいい仕事はできないので、無理やりにでも面白くすることを考えるようにしました。そこは自分の捉え方かなと思います。例えば上司から仕事の実施上の細かい面まで完全に指示されるわけではありません。「こういう目標があるので達成しなさい」と言われるわけです。目標に到達する道というのはたくさんある。私はそこに自分の考えとかアイデアを入れ込む余地があると思います。そこのところに楽しさを感じることはできました。例えば実施の具体策を少し自分の考えで書き換えて提案してみる。もちろん目標は同じと説明します。実際には事業は別の人も一緒にやるので変わっていくわけですが、事業計画の一部を自分のものに変えた瞬間にもう自分のものです。自分が責任をもってこれをやるもの。自分が提案した分が少しでも入っているだけでかなり変わります。

木原　やはりそこは工夫が必要なようです。本人の意見や考えをうまく取り込むということは、本当に重要だと思います。

山崎　逆もよくやられましたけど。

木原　逆というのはどのようなことでしょうか。

山崎　それはですね、自分が管理職になればいろんな提案がくるでしょう。そのときに自分の思いどおりの提案になっていないということがあるんです。そうすると、私は反対意見を言ってしまいます。それではみんな困るので、私の性格をわかっている職員たちは事前に相談にくるようになりました。「こんなことを考えていますけど、どうでしょうか」みたいに。「じゃあ、こんなことも加えたら面白いよ」と言うと、それを少し加えてくるんです。そうなったら私も否定できません。でも、それはお互いに幸せなことです。自分が思ったこともできるし、上司が思ったこともやれる。自己実現がやはり仕事では大事なのかなと思います。

木原　会社にいる時間、仕事をしている時間というのは一日の大部分を占めます。ですので、単に与えられた仕事をして生活のためのお金を稼ぐ場とするのか、それとも先輩や同僚といろいろな知識や情報を交換していって、なおかつ、お客様に喜んでもらえるようなワクワクする仕事をする場とするかどうかは「本当にあなた次第ですよ」と新入社員には言っています。

山崎　やはり経営者は理念をもって、そのことを伝えなければいけません。私は仕事以外の時間で職員と話す時間が結構多かったんです。それぞれの仕事のなかで話しても伝わらないことが多かったので、仕事が早く終わったときとか普段の会話のなかで、自分の考えをお互いに伝え合うことが必要でした。そうしないと結局それぞれの仕事の目標や理念が伝わらず、スムーズな仕事ができなかったからです。それは木原社長がされていることで、長い期間、この会社が続けてこられたことだと思います。

最後になりましたが、木原さんの図書館に対する提言があればお願いします。

図書館へのエール

木原　いくつかあるのですが、やはりまず情報リテラシーです。コロナ禍のいま、オンラインがどんどん進んでいくなかで便利になった部分も当然あるのですが、フェイクニュースといったように、どれが正しいかを見分けるのが非常に難しくなっています。だからこそ、図書館が集めている情報は正しいということをさらに広く発信したり見直したりするには非常にいい機会ではないでしょうか。それこそ図書館は、生活必需品のインフラになっていかなければいけないと思います。映画『ニューヨーク公共図書館　エクス・リブリス』（二〇一七年）で監督のフレデリック・ワイズマンが言っている民主主義の柱としての図書館、生きるためのいろいろな方法を見いだせるピープルズパレスとして応援したいと思っています。

もう一つは、現物保存についてです。オンライン環境が整いデジタル化やバーチャルな世界が増えてくるなかで、デジタル化したから現物は保存しなくていいというのではなくて、いまを生きる我々には次の世代に現物を継承する責任があると考えますので、ぜひともみなさんがもっている貴重なコレクションについてもその価値を検証して深く理解し、必要な対策を早急にとってほしいですね。

それから最後になりますが、図書館の仕事をいろいろな人にもっとよく知ってもらいたいと思います。図書館では、自分の疑問を解決に導いてくれたり、老若男女に向けたイベントなどを通して、さらにすてきな本の世界や情報と出合うことができます。そうした出合いをもっとたくさんの人に体験してもらうことで、そのような機会をつくり、心から楽しそうに働く図書館職員の姿は周りの人を幸せにして、「ああ、この仕事やってみたいな」と思わせるような「夢がある仕事」になると思います。

地域や館種によって状況が異なり、様々な立場もあるのでトライ&エラーということは難しいかもしれませんが、ぜひ、従来のやり方に捉われることなく、新しい方法や新しいアプローチに果敢にチャレンジしてほしいです。我々も図書館のパートナーとして、微力ではありますが、精いっぱい応援していきたいと思います。

山崎　本当にそのとおりですね。長時間にわたって本当にありがとうございました。

木原　ありがとうございます。

注

（1）一九一四年（大正三年）創業（二〇二一年九月で百七周年）

（2）床からの地震の揺れを書架に伝わりにくくし、図書の落下と書架の転倒を防止する三方向減震装置グラッパを装備した書架。金沢工業大学、金沢大学大学院地震研究室との共同開発製品。グッドデザイン賞受賞。

（3）棚板に敷いて、地震などで揺れた際に本が滑りにくくすることで落下を軽減するシート。

（4）東日本大震災時のキハラの災害復興支援。二〇一一年三月十一日の東日本大震災以降、被災地への復興支援活動として、図書館に直接ブックトラックを届ける「ブックトラック支援」、学校図書館にELISE-Egg3 Kizuna版を届ける「学校図書館げんきプロジェクト」、出版社各社協力のもと東日本大震災関連の本、全出版記録を一堂に集めた「本の力」展、続く「本の力」巡回展、子どもたちが描いた絵をブックトラックにして地元の図書館に届ける「笑顔を届けるプロジェクト」、学校図書館で、未来を担う子どもたちに東日本大震災で何があったのかを広く伝えていくことを趣旨にした「笑顔を届けるプロジェクト in school library」をおこなってきた。

（5）第百六回全国図書館大会和歌山大会オンライン大会「図書館の歩みとこれから――南葵から新しい時代へ思いを繋げる」、二〇二〇年十一月二十―三十日

（6）第八十四回全国図書館大会秋田大会、一九九八年十月二十一―二十三日。手提げ袋を提供。

（7）笑顔を届けるプロジェクトファイナル。プロジェクトで使用した書籍に新しい書籍を加えた約千五百冊の書籍、小・中・高生から寄せられたメッセージカード約千六百枚を配架用特注書架とセットにして宮城県の気仙沼図書館に寄贈。「笑顔文庫」として震災から十年後の二〇二一年三月十一日に公開された。

（8）ライブラリーオブザイヤー「Library of the Year」（LoY）。これからの図書館のあり方を示唆するような先進的な活動をしている機関に対して、日本では、ＮＰＯ法人知的資源イニシアティブ（ＩＲ

I）が毎年授与する賞。二〇〇六年から毎年、図書館総合展のフォーラムとして開催。キハラでは、協賛とともに大賞などに副賞としてブックトラックを提供。

あとがき

山崎博樹

これまで図書館の世界に身を置いて長年仕事を続けてきましたが、ますます迷うこと、知らないことが増えています。本書の全8章のテーマが図書館の課題のすべてではありませんが、私が関わり続け、大事にしてきたこと、そしてこれからも図書館が考えていくべきことをお伝えできたとは思っています。今回、本書のために様々な方とお話しし、それぞれの方々からの話を聞いて、その思いはさらに強くなったよう気がします。まさしく「図書館は成長する有機体」なのでしょう。チャンスがあれば続篇も作りたいと思っています。

今回の出版にあたり、文字起こしや対談・鼎談・座談にご協力をいただいた図書館サービス向上委員会の事務局のみなさん、ビジネス支援図書館推進協議会のみなさん、知的資源イニシアティブの事務局のみなさん、キハラのみなさんに厚く感謝を申し上げます。

また、本書の原稿を我慢強く待ち続けてくださった青弓社の矢野恵二さんにもこの場を借りてお礼を申し上げます。

本書をお読みになった読者のみなさんが図書館の可能性に気づき、これからの図書館活動に取り組んでいただければ参加者一同、うれしいかぎりです。

館活用データベース」を東京学芸大学学校図書館運営専門委員会のメンバーとして構築、その後の運営にあたる
共編著に『学校図書館の挑戦と可能性』(悠光堂)、共著に『学習指導と学校図書館』(全国学校図書館協議会) など

岡本 真 (おかもと まこと)

1973年、東京都生まれ
ヤフーで「Yahoo!知恵袋」などの企画・設計を担当して、2009年にアカデミック・リソース・ガイド (arg) を設立。「学問を生かす社会へ」をビジョンに掲げ、全国各地での図書館などの文化機関のプロデュースやウェブ業界を中心とした産官学民連携に従事
著書に『未来の図書館、はじめます』、共著に『図書館100連発』『未来の図書館、はじめませんか?』(いずれも青弓社) など

木原一雄 (きはら かずお)

1970年、東京都生まれ
キハラ代表取締役、キハラ・プリザベーション代表取締役会長
過去から未来をつなげる「図書館」を担う人たちのよきパートナーとなり、形として残る空間づくり、現物資料の保存、環境づくりを通して地域社会の発展に貢献することを目指している。もっとたくさんの人に図書館への興味をもってもらうために、そこに集う人々の笑顔を増やす活動をしている

齊藤誠一（さいとう せいいち）
1953年、東京都生まれ
千葉経済大学総合図書館長、千葉経済大学短期大学部教授
司書として立川市に採用され、地区図書館の建設準備、電算システム、中央図書館準備などを担当。中央図書館開館後は、調査資料係長としてレファレンスサービスを担当。2006年、千葉経済大学短期大学部ビジネスライフ学科の専任教員として司書課程を担当し、現在に至る
著書に『学校図書館で役立つレファレンス・テクニック』（少年写真新聞社）、共編著に『情報サービス論』（理想社）、共著に『まちの図書館でしらべる』（柏書房）など

原田隆史（はらだ たかし）
1960年、京都府生まれ
同志社大学免許資格課程センター教授、同志社大学大学院総合政策科学研究科教授、国立国会図書館電子情報部非常勤調査員、Project Next-L 代表。専門は、情報検索システム、図書館システムなどの研究。感性検索システムやウェブアーカイブ、オープンソース図書館システム、地方自治体の例規集横断検索システムなどを手がける
共編著に『図書館情報学を学ぶ人のために』（世界思想社）、共著に『図書館情報技術論』（樹村房）、『情報倫理』（技術評論社）など

神代 浩（かみよ ひろし）
1962年、大阪府生まれ
量子科学技術研究開発機構監事
文部省入省後、文部科学省生涯学習政策局社会教育課長、初等中等教育局国際教育課長、東京国立近代美術館長などを歴任。課題解決支援を推進する有志図書館のネットワーク、図書館海援隊を立ち上げる。図書館サービス向上委員会（りぶしる）委員、ビジネス支援図書館推進協議会理事
著書に『困ったときには図書館へ』、共編著に『学校図書館の挑戦と可能性』（ともに悠光堂）など

中山美由紀（なかやま みゆき）
1958年、東京都生まれ
立教大学兼任講師、ほか複数の大学の非常勤講師、東京学芸大学司書教諭講習講師
成城学園高等学校専任司書教諭退職後いったん家庭に入る。1998年に千葉市学校図書館指導員として復帰したあと、東京学芸大学附属小金井小学校司書として2004年から17年まで勤務。学校図書館はその機能をもって子どもを育てるとして実践研究をおこなう。09年にウェブサイト「先生のための授業に役立つ学校図書

［著者略歴］

伊東直登（いとう なおと）

1958年、長野県生まれ

松本大学図書館長、元塩尻市立図書館長、ビジネス支援図書館推進協議会理事、図書館サービス向上委員会（りぶしる）委員、長野県図書館協会副会長、松本市図書館協議会長、塩尻市図書館協議会長。日本図書館情報学会員、日本図書館文化史研究会員

共著に『明日をひらく図書館』（青弓社）、共著論文に「複合施設における子育て支援センター利用者の図書館利用と意識調査」（「地域総合研究」第20号 Part1）など

淺野隆夫（あさの たかお）

1966年、東京都生まれ

札幌市中央図書館利用サービス課長、2021年9月から北海道武蔵女子短期大学非常勤講師、デジタルアーカイブ学会評議員

1989年、札幌市役所に入庁して市役所ウェブリニューアルや情報化拠点施設の建設などIT関連事業をおこない、2010年に図書館に異動後、「札幌市電子図書館」を立ち上げる。その後「札幌市図書・情報館」のコンセプトづくりから着手、18年の開館と同時に初代館長に就任。19年、同館がライブラリーオブザイヤー2019の大賞とオーディエンス賞を受賞

齋藤明彦（さいとう あきひこ）

1956年、鳥取県生まれ

前とっとり県民活動活性化センター理事長、日本図書館協会理事、オーテピア高知図書館委員、ブックインとっとり地方出版文化功労賞審査員長

鳥取県庁入庁後、2002年、鳥取県立図書館長に就任。県民や地域に役立つ図書館を目指して改革に着手。高校図書館などへの全面サポート、外部組織との協働によるビジネス支援、大学との協働による情報提供などを実施。離任後も研修所長、総合事務所長として、さらには退職後も図書館と関わり続けている。この間、文部科学省「これからの図書館像」策定や子どもの読書サポーターズ会議に参画

竹内利明（たけうち としあき）

1952年、東京都生まれ

自動車部品会社勤務後、電気通信大学客員助教授を経て特任教授（現在、客員教授）。ビジネス支援図書館推進協議会長。2003年に創業・ベンチャー国民フォーラム起業支援家部門奨励賞、11年に電気通信大学優秀教員賞（教育関係）をそれぞれ受賞。14年から「人を大切にする経営学会」の設立に参加して副会長。地域活性化伝道師（内閣府登録）、中小企業応援士（中小企業基盤整備機構）

[編著者略歴]
山崎博樹（やまざき ひろき）
1955年、秋田県生まれ
知的資源イニシアティブ代表理事、デジタルアーカイブ学会評議員、日本生涯学習学会員、日本図書館協会員
秋田県立図書館を経て、国立国会図書館関西館で「レファレンス協同データベース」準備のため2年間勤務。ビジネス支援図書館推進協議会の設立に参画し、現在は同会副理事長。総務省地域情報化アドバイザー、内閣府知的財産戦略本部実務者検討委員会構成員、図書館サービス向上委員会（りぶしる）委員長、紫波町図書館専門アドバイザーとして活動

図書館《としょかん》を語《かた》る　未来につなぐメッセージ

発行――――2021年8月18日　第1刷
定価――――2600円＋税
編著者―――山崎博樹
発行者―――矢野恵二
発行所―――株式会社青弓社
〒162-0801 東京都新宿区山吹町337
電話 03-3268-0381（代）
http://www.seikyusha.co.jp
印刷所―――三松堂
製本所―――三松堂

ISBN978-4-7872-0077-8　C0000

大串夏身

まちづくりと図書館

人々が集い、活動し創造する図書館へ

住民の多くが地域の問題解決に参加して知恵を出し合える成熟社会のなかで、本を仲立ちにして多様性があるコミュニティーを形成する図書館のあり方を経験に基づいて指し示す。　定価2400円＋税

大串夏身

図書館のこれまでとこれから

経験的図書館史と図書館サービス論

公共図書館は地域住民のために本と知識・情報を収集・提供し、より創造的な社会にしていく。図書館員のレファレンスの知識と技能を高めるために長年の経験も織り交ぜて提言する。定価2600円＋税

嶋田 学

図書館・まち育て・デモクラシー

瀬戸内市民図書館で考えたこと

人々の興味・関心を「持ち寄り」、利用者は世界中の本から自身の気づきを「見つけ」、わかる喜びをほかの人と「分け合う」。情報の提供でまちの活性化を促す図書館像を描く。　定価2600円＋税

岡本 真

未来の図書館、はじめます

図書館の整備・運営の支援とプロデュースの経験に基づき、地方自治体が抱える課題や論点、図書館整備の手法、スケジュールの目安など、「図書館のはじめ方」を紹介する実践の書。　定価1800円＋税